열정을 가진 자는 정상에서 만난다

열정 깨우기

열정을 가진 자는 정상에서 만난다

열정 깨우기

열정 깨우기 강사 | 용혜원 지음

나무생각

열정은 부정적인 모든 것을 무너뜨린다.

열정은 성공으로 이끄는 가장 강력한 힘이다.

성공하려면,

정말 후회하지 않으려면

열정적인 인생을 살아라!

성공을 원한다면 열정을 쏟아부어라

무슨 일을 해도 심드렁하고 재미없는 사람이 있다. 세상 다 산 것 같은 얼굴에는 권태가 가득해서 옆에 가면 자신까지 권태로 물들 것 같은 그런 사람이다. 그러나 반대로 함께 있으면 기분이 좋아지고 웃음이 묻어나며 활력이 넘쳐나는 사람이 있다. 그와 대화하거나 함께 일하면 절로 신명이 난다. 이 둘의 차이는 열정이다. 삶과 일에 대한 열정이 있느냐 없느냐에 따라 외모나 성격, 대인관계까지 영향을 미친다.

지금 당장 거울을 들여다보자. 생기 없이 멍하고 무표정하며 상심한 얼굴은 아닌가? 그렇다면 입꼬리를 살짝 올려 미소 짓자. 그리고 온몸에 열정의 에너지를 불어넣자. 열정적으로 도전하고 행동할 때 성공은 비로소 내 것이 될 수 있다. 역사적으로 성공의 역사는 열정적인 사람들과 도전적인 사람들이 만들어왔다.

환경이나 조건, 여건을 탓하지 말고 열정으로 새롭게 삶을 만들어 나가야 한다. 과거를 모두 던져버리고 지금 이 순간부터 열정적인 사람이 되어야 한다. 열정! 열정이 있어야 한다. 열정이 성공을 만든다.

똑같은 사람인데 왜 누구는 성공하고 누구는 시도도 한번 해보지 못하고 좌절하고 마는가? 노력하고 배우고 고쳐 나가면 못할 일이 없다. 삶에서 가장 멋진 승리의 순간은 열정이 만들어놓는다. 우리 안에는 무한한 잠재력이 있다. 그러므로 목표를 정하고 능력을 키워 당신의 열정을 쏟아내라.

이 책은 크게 4장으로 구성돼 있다.

1장은 성공을 위한 준비 단계다. 꿈을 키우는 것과 목표 설정의 중요성을 강조했다. 덧붙여 성공한 사람들의 습관, 기회를 만드는 노하우, 이미 성공한 사람들의 성공 전략 등 성공에 대한 조언을 아끼지 않았다.

2장은 성공을 일구는 단계로서 성공의 모든 조건들 가운데 열정을 가장 처음에 두었다. 노력, 성실, 도전 의식 등도 중요하지만 열정이 없다면 그 어떤 것도 제대로 힘을 발휘할 수가 없기 때문이다.

3장은 열정이 있기에 더욱 행복한 인생살이에 대한 이야기다. 열정이 생활 전반에 걸쳐 어떤 영향을 주고, 어떻게 활용해야 만족할 만한 인생을 살아갈 수 있는지에 대한 조언을 담았다.

4장은 절망이나 좌절에 빠져 허우적거릴 때, 옆에 아무도 없다는 생각에 무기력해질 때 힘을 주는 이야기다. 어떤 위대한 사람이라도 절망, 좌절, 열등감 등은 피해갈 수 없다. 이에 대한 현명한 대처법을 소개한다.

분명한 것은 당신에게는 성공한 사람들과 똑같은 몸과 마음·정신이 있다는 것이다.

용 혜 원

차 례

어떻게 그처럼
어마어마한
성공을 이룩셨나요
???

CHAPTER 03

열정적으로 살면 몸과
마음이 행복해진다

CHAPTER 04

열정은 절망을 희망의 거름으로 쓰게 한다

Passion

Success

열정

거침없이 아무런 두려움 없이
폭죽 터지듯이 피어나는 봄꽃들처럼
살아 있는 심장에서 뜨겁게
터져 나오는 불꽃이다

마음의 중심에서 타올라 뜨겁게 내뿜는
강렬한 열기를 아무도 막을 수 없다
자신 속에 감추어져 있고 숨어 있던
무한한 잠재력을 끌어올리는 힘이다

열정은 모든 역경을 이겨내고
모든 난관을 헤쳐 나가며 모든 가능성을 찾아내
자신을 변화시키고 세상을 변화시킨다

실패를 조금도 두려워하지 않고
꿈과 비전을 향해 마음껏 솟구치며
삶을 활짝 꽃피우고 풍성한 열매를 맺게 한다

가슴이 식을 줄 모르고 뜨거운 사람들이
시대를 앞서 나가며 이끌어간다
뜨거운 열정 앞에 모든 악조건은 고개를 숙이고
열정은 고난 속에서 더 강렬해진다

열정이 있는 사람들의 눈빛 속에서
성공을 읽어낼 수 있다
열정이 있는 사람들의 순수한 열정이
성공을 만든다

미래를 꿈꾸는 것이야말로 누구나 할 수 있는 일인데도 꿈을 꾸고 소중히 지키는 사람은 많지 않다. 꿈이 없으면 성공도 없다. 자신이 되고 싶은 것, 하고 싶은 것을 마음껏 상상하고 노력하는 것, 이것이 바로 성공의 제1법칙이다. 성공을 위해 꿈꾸고 노력하며 참아내고, 도전하는 모든 요소요소에 '열정'을 넣어라. 열정은 모든 정신의 기본으로 불가능을 가능하게 해주고 지치지 않게 하며 포기라는 단어를 잊게 만드는, 가슴 벅찬 의욕과 기쁨이다.

CHAPTER 01

성공하려면 열정적으로
꿈꾸고 행동하라

passion for success

성공하려면
가슴속에 열정의 불꽃을 태워라

누구나 성공을 꿈꾼다. 그러나 성공하기 위해 어떻게 해야 하는지 구체적인 방법을 아는 사람은 거의 없다. 성공한 사람들이 성공을 일군 데는 노력, 성실, 인간관계 등 여러 가지 이유가 있겠지만, 가장 중요하고 핵심적인 요인은 그들에게 '열정'이 있었기 때문이다. 이루려고 하는 일에 모든 것을 다 걸고 뛰어들었기에 그들의 눈빛은 빛나고 가슴은 뜨겁고 얼굴에는 웃음이 넘친다.

세상이란 바다에 열정이라는 그물을 던져라

무엇보다 자신이 하는 일에 미쳐라! 성공하려면 자기 일에 미친 듯이 뛰어들어야 한다. 안 될 수밖에 없는 이유와 조건을 따지지 않고 최선을 다해 열정적으로 일하고 변화를 시도하는 사람이 성공한다. 열정적인 사람은 모든 일에 적극적이고 즐겁게 일한다. 그래서 열정적인 사람과 함께 있으면 주위 사람 또한 덩달아 신나고 기분이 좋아진다.

사람은 누구나 좌절하기도 하고, 결코 헤어나오지 못할 것 같은 슬픔에 빠지기도 한다. 이러한 절망과 슬픔을 이겨낼 수 있는 힘이 바로 열정이다. 열정은 도전의식이고, 목표 설정이다. 인생의 목표를 가진 사람은 역경을 두려워하지 않고 끈질기게 도전한다. 그러므로 성공한 인생을 살고 싶다면 세상이란 바다에 열정이라는 그물을 던져라. 그리고 당기고 당겨라. 당신의 목표가 보일 때까지. 가슴이 뜨거워질 것이다. 열정은 또다른 열정을 부르며 당신을 이끌 것이다.

처음부터 성공한 사람은 없다. 씨앗이 자라서 줄기와 가지가 되고 큰 나무가 되어 풍성한 열매를 맺는 것처럼 우리 삶도 마찬가지다. 꿈과 비전을 갖고 열정을 쏟아 부울 때 성공이란 사다리를 끝까지 올라갈 수 있는 것이다. 지금 자신의 모습을 보라. 무엇이 부족한가? 성공할 수 있는 조건들을 모두 가지고 있는데도 힘들다고, 자신없다고 투정하고 있는 것은 아닌가? 당신은 성공한 사람들과 똑같은 몸과 마음과 정신을 갖고 있다.

기적을 만들어내는 사람들의 습관

무에서 유를 만들어내는 일을 우리는 기적이라 말한다. 열정은 무에서 유를 만들어내는 힘을 가지고 있다. 한평생 살면서 기적을 경험해보고 싶지 않은가? 만족할 만한 결과의 기쁨 또한 크지만, 무엇보다 가슴이 벅차오르는 감동은 말로 다 표현할 수 없다.

성공한 사람들은 모든 일에 적극적이고 긍정적이다. '틀림없이 잘될 거야', '나는 할 수 있어'라는 생각을 가지고 행동한다. 그들도 처음에는 그리 대단한 존재가 아니었다. 많이 부족하고 나약한 존재였지만 그 한계를 극복하고 성공을 만들어낸 것이다.

그러므로 성공하려면 현실에 안주하지 말고 끊임없이 변화를 시도하고 노력해야 한다. 우리 모두에게는 변할 수 있는 힘과 능력이 있다. 목표를 향해 끊임없이 노력하고 좌절을 극복할 만한 용기 또한 있다. 이러한 행동을 이끌어낼 수 있는 힘이 바로 열정이다.

그런데 아쉽게도 많은 사람들이 자신의 능력 중에서 10퍼센트밖에 사용하지 못하고 있다. 그러면서 열등감과 무력감에 빠져 적극적으로 행동하지 않는다. 삶은 누구에게나 소중한 법이다. 이처럼 소중한 삶을 무의미하게 그럭저럭 살아간다면 한 번밖에 없는 인생이 너무 아깝지 않은가? 심장이 뜨겁게 펄떡거리는 열정적인 삶을 한번 살아보자. 목표를 향해 미친 듯이 달려 나간다면 불가능한 일은 없다.

프로 권투 헤비급 챔피언인 제임스 콜베트는 성공의 비결을 한 번 더 도전하는 근성이라고 말했다.

"1라운드만 힘내서 싸우면 챔피언이 된다. 지쳤지만 한 번만 더 힘을 내 링 한복판으로 뛰어들어라. 팔이 너무 아파서 들어올리기조차 힘들더라도 마지막이라고 생각하고 한 번만 더 팔을 뻗어라. 코피가 나고 눈이 멍들고 너무 힘들어서 차라리 상대방이 어서 때려눕혀 주었으면 하는 생각이 들더라도 마지막으로 한 번만 더 싸워라. 한 번 더 싸우겠

다는 정신으로 달려드는 사람은 결코 죽지 않는다. 인간에게는 두 번, 세 번, 네 번, 심지어 일곱 번이라도 도전할 수 있는 잠재력이 있다.”

인간이 극복할 수 없는 어려움은 없다. 실패가 있기에 성공이 더 아름다운 법이다.

성공한 사람들의 10가지 습관

성공한 사람들은 그들만의 남다른 습관이 있다. 오랜 기간 이러한 습관이 쌓여 성공을 만들어낸다. 성공한 사람들을 부러워하지만 말고 그들의 성공 비법을 따라해보자.

1. 모든 일에 열정적이다. 열정은 성공의 제1법칙이다. 성공한 사람들은 일에 대한 열정이 남다르다.

2. 확신을 갖고 일한다. 확신과 소신이 있는 사람은 결과도 확실하다.

3. 성취욕이 뛰어나다. 어떠한 일이 주어져도 재능과 솜씨를 발휘해 남들보다 좋은 결과를 이끌어낸다.

4. 창조성과 독창성이 풍부하다. 열정이 있으므로 성공에 대한 많은 생각을 하게 되고 남들보다 상상력이 풍부해진다.

5. 융통성이 있다. 앞뒤로 꽉 막힌 사람들은 자기 주장만 고집하다 보니 시대에 뒤떨어지고 변화를 두려워한다.

6. 포기하지 않는다. 아무리 단단한 장애물이 가로막고 있어도 단념하지 않는다. 문제가 해결될 때까지 대안을 찾는다.

7. 결단력이 있다. 성공한 사람들은 상황 판단력이 뛰어나 가장 시기 적절한 판단을 한다.

8. 현재에 집중한다. 앞으로 다가올 일을 미리 걱정하지 않고, 현재 주어진 일에 열과 성을 다한다.

9. 자기 관리를 잘한다. 성공을 이루었지만 건강을 잃었다면 그것은 진정한 성공이라 할 수 없다. 성공한 사람들은 몸과 마음을 다스릴 줄 알아서 정신적으로나 육체적으로 피곤해하지 않는다.

10. 성실하다. 성실한 사람들은 맡은 일을 책임감 있게 처리하고, 조직 내에서 원만한 인간관계를 유지한다.

기회와 준비가 만날 때
성공이 찾아온다

기회는 모든 사람에게 찾아오지만, 기회를 잡는
사람은 극소수다.
　　　　　　　　　　　　　　　　－브루버 리턴

일생을 사는 동안 몇 번의 기회가 찾아온다. 그러나 그것이 기회인
지 알아차릴 사이도 없이 소극적인 행동이나 잘못된 판단으로 하늘이
내려준 기회를 아깝게 놓치는 경우가 많다. 기회를 놓치는 이유는 준비
를 하지 않았기 때문이다. 기회의 뒤통수에는 머리카락이 없다. 그러므
로 기회가 찾아오면 순식간에 앞머리를 붙잡고 늘어져야 한다. 미꾸라
지처럼 교묘하게 빠져나가지 못하도록 말이다.

열정적인 사람에게 기회가 더 많이 찾아온다

일생일대의 좋은 기회를 잡는 사람들이 있다. 그런 사람들을 부러워

하면서 '나에게는 왜 한 번도 기회가 찾아오지 않을까?' 라고 생각한다면 자신을 한번 꼼꼼히 되돌아보자. 너무 사소해 보였거나 용기가 부족했거나 변화가 두려워서 혹은 귀찮아서 찾아온 기회를 스스로 저만치 멀리 보내버린 것은 아닌지 말이다. 아니면 해보지도 않고 '이건 불가능한 일이야. 절대 할 수 없어.' 라고 잔뜩 겁부터 먹었을 수도 있다. 소극적이고 게으른 행동이 기회를 외면한 것이다.

기회는 준비된 사람에게 더 많이 찾아오고, 더 많이 노력하는 사람에게 더 좋은 기회가 주어진다. 그리고 열정적인 사람은 기회를 만들고 그 기회를 놓치지 않는다. 열정적으로 일하고 많이 경험하고 많은 사람들을 만나다 보면 없던 기회도 만들어지는 것이다.

브리태니커 백과사전을 가장 많이 판매한 어느 세일즈맨은 백과사전을 팔기 위해 한 회사 사장을 50번이나 만나 설득했고 결국 판매에 성공했다. 지칠 줄 모르는 열정을 가진 그 사람은 최고의 세일즈맨이 되었다.

이처럼 기회를 포착하고 활용했을 때 우리 삶에는 놀라운 일이 일어난다. 따라서 항상 최선을 다하고 큰일이든 사소한 일이든 100퍼센트 열정을 쏟아야 한다. 다른 사람이 하기 싫어하는 일까지 하겠다는 마음가짐을 가져야 한다. 시계를 따라 일하지 말고, 주도적이고 열정적으로 일해야 한다. 기회가 없다는 말은 핑계일 뿐이다.

당신에게 기회가 왔을 때 활용할 수 있는 능력과 힘이 있는가? 당신 스스로 운명을 개척할 수 있는 힘을 길러야 한다. 성공은 준비와 기회가 만날 때 이루어지기 때문이다.

위기를 기회로 만드는 지혜

제2차 세계대전이 한창이던 때 영국의 크레이턴 메이브램 장군과 부대원들은 적군에 포위되고 말았다. 모두 의욕을 잃고 낙담했지만 메이브램 장군은 오히려 용기백배해 군사들에게 외쳤다. "제군들, 전쟁이 시작된 이래 처음으로 우리는 사방을 공격할 수 있는 절호의 기회를 맞았습니다!" 전쟁에서 승리하려는 열망과 열정으로 위기를 기회로 바꾼 메이브램 장군은 결국 승리를 이끌어냈다.

성공한 사람들에게는 여러 가지 요인이 있지만, 그 중 한 가지 공통점이 있다. 불행하게 출발하고 수많은 고통과 위기를 겪지만, 최악의 사태를 도리어 기회의 시간으로 만들었다는 공통점이다. 열정이 넘치는 사람은 그 누구도 당해낼 수가 없다. 모든 일에 적극적이기 때문이다.

미국 스탠퍼드 대학에 재학 중인 허버트 후버는 아르바이트를 찾고 있었다. 그러던 중 어느 회사에서 타자기만 칠 수 있다면 지금 당장이라도 함께 일하자는 제안을

받았다. 후버는 4일 간만 시간을 달라고 부탁했다. 4일이 지나 후버가 회사에 첫 출근하자 후버를 채용한 직원이 4일 동안 무엇을 했는지 물었다. 그러자 후버가 대답했다. "우선 타자기를 빌렸고 사용법을 배웠습니다." 기회를 적극적으로 활용할 줄 알았던 이 청년은 나중에 미국의 31대 대통령이 되었다.

인생은 태어날 때부터 정해진 대로 사는 것이 아니라, 개척하고 변화시켜 나갈 수 있다는 열정이며 확신이다. 비록 산 같은 장애물이 가로막고 있더라도 올라가야 한다. 만약 오르지 못한다면 굴이라도 뚫어야 한다.

단 한 번도 실패하지 않는 것은 중요하지 않다. 실패는 누구나 할 수 있다. 그러나 쓰러질 때마다 꿋꿋하게 일어서는 것은 아무나 할 수 없다. 포기하지 않는다면 그만큼 성공의 기회는 더 많아진다.

기회를 만드는 노하우

기회가 찾아오지 않는다고 불평만 할 것이 아니라 적극적으로 기회를 만들어보자. 하지 않으면 두렵고 어려워 보이지만, 일단 행동하면 생각보다 훨씬 쉽고 재미있다는 것을 깨닫게 될 것이다.

1. 뚜렷한 목표를 세운다.
2. 목표를 향해 열과 성을 다한다.
3. 위기가 찾아와도 좌절하지 않는다.
4. 기회가 찾아오기 전에 만반의 준비를 한다.

성공 신화를 만든 사람들의
성공 비결

> 나는 항상 최고가 되기를 꿈꾸었다. 만약 성공할
> 거라고 꿈꾸지 않았다면 그 근처에도 가지 못했
> 을 것이다.
>
> —헨리 카이저

삶에는 연습이 없다. 삶은 단 한 번뿐이다. 날마다 도전이요 전투다. 다른 사람이 내 삶을 대신 살아줄 수 없고, 내가 남의 삶을 대신 살 수도 없다. 혼자서 싸워야 하는 힘든 과정이다. 그러므로 실패의 확률을 줄이고 성공하기 위해서는 지혜를 배우고 열정을 쏟아야 한다. 그리고 끊임없이 도전해야 한다. 도전 없는 성공이란 있을 수 없기 때문이다. 성공한 사람들의 성공 비결을 들어보자.

신념과 노력으로 성공한 철강왕 카네기

미국의 철강왕 카네기는 미국 경제를 뒤흔들 정도로 막강한 부를 축적한 사람으로 성공의 대표적인 인물로 꼽힌다. 만약 카네기가 돈을 벌기만 하고 좋은 일에 쓰지 않았다면 그저 평범한 부자에 머물렀을 것이다. 그렇지만 카네기는 축적한 부를 교육과 문화 사업에 투자해 사회복지를 향상시키는 데 공헌했기에 그 성공이 더욱 빛을 발한다.

카네기는 자신의 성공 비결을 "어떤 직업을 갖고 있든 그 분야에서 최고가 되려고 했다."고 말했다. 젊었을 때 그는 방직공, 증기기관차 화부, 우편배달원 등 많은 직업을 거쳤다. 그리고 많은 직업 가운데 어떤 일도 소홀히 하지 않았다. 최고의 자리는 노력을 가장 많이 한 사람에게 주어지는 것이라고 믿었기 때문이다. 결국 그는 미국 철강왕이 되었다.

어떤 시각으로 세상을 바라보는가에 따라 삶은 달라진다. 꿈을 이루기 위해 꾸준히 노력한다면 꿈은 곧 현실이 될 것이다. 어떤 장애물이나 고통이 찾아와도 꿈을 잊지 마라.

햄버거 하나로 전 세계를 평정한 맥도날드

맥도날드는 햄버거 하나로 전 세계를 평정한 회사다. 더운 나라든 추운 나라든 맥도날드 햄버거를 팔지 않는 곳이 없다. 맥도날드는 종교, 인종, 성별을 불문하고 세계를 하나로 만들었다. 그들의 성공 비결은 철저한 준비에 있다. 맥도날드는 점포 하나를 열기 위해 철저한 준비를 해 나간다. 햄버거 고기를 어느 정도 두께로 할 것인지, 고기를 구울 때는 몇 도의 온도에서 굽고 몇 분 동안 익힐 것인지, 감자는 몇 센티미터로 자르고 얼마나 튀길 것인지, 직원 유니폼이나 화장실, 매장 내 조명까지 주도면밀하게 조사하고 정확한 문서로 기록한 다음 진행해 나간다. 이처럼 꼼꼼하고 철저한 준비가 성공의 밑거름이 되었다.

창의력으로 승부수를 던진 샤프 사의 하야카와 도쿠지

현실에 만족하지 않고 놀라운 창의력을 발휘해 성공 신화를 다시 쓴 회사가 샤프 다. 샤프의 신화는 1912년 발명가이자 엔지니어인 하야카와 도쿠지가 도쿄에 작은 금속 가공업체를 차리면서 시작되었다. 하야카와는 종업원들에게 늘 이렇게 말했다. "모방하지 마라. 다른 사람이 모방하고 싶은 것을 만들어라." 샤프는 '모방하지 마라'는 창업 정신을 통해 개개인의 창의성을 높여 샤프만의 독특한 운영체제를 구축했다. 그 결과 1994년 《니케이 비즈니스》지는 샤프 사를 커버 스토리로 다루

면서 '지구상에 가장 강한 기업' 이라고 극찬을 아끼지 않았다.

시대를 앞서가는 감각과 지칠 줄 모르는
집념의 소유자 스티브 잡스

세계 최초로 퍼스널 컴퓨터를 개발했으며 애플 컴퓨터 최고 경영자이기도 한 스티브 잡스. 애플 사를 설립해서 스물다섯 살이라는 나이에 백만장자가 되었고, 서른 살에 자신이 만든 회사에서 쫓겨나기도 했지만 좌절하지 않았다. 특유의 천재적인 감각과 창의력으로 3D 애니메이션 〈토이 스토리〉, 〈인크레더블〉을 만들어 성공 신화를 다시 썼다. 최초의 3D 애니메이션 〈토이 스토리〉는 할리우드를 뒤흔들었고, '아이포드'는 세상을 다시 한번 놀라게 했다. 시대를 앞서가는 감각과 집념으로 대중의 마음을 사로잡은 스티브 잡스는 940명의 고위 경영자들을 상대로 실시한 설문조사에서, 세계에서 가장 창의성이 뛰어난 경영자로 선정되기도 했다.

성공하려면 꼭 버려야 할 10가지 나쁜 습관

사람이라면 실패할 수도 있다. 실패를 좋은 기회로 삼아 심기일전하면 오히려 성공의 밑거름이 된다. 혹시 자신에게 문제가 있는 것은 아닌지 점검할 필요가 있다. 성공을 위해 버려야 하는 나쁜 습관을 살펴보자.

1. 자기 잘못인데도 잘못을 인정하지 않고 다른 사람을 비난한다.

2. 자학을 잘하고 매사에 부정적이다.

3. 꿈이나 목표가 없다.

4. 목표가 있으나 모호하고 허황되다.

5. 눈앞의 이익에만 연연해하며 약삭빠르게 행동한다.

6. 다른 사람의 말은 절대 수용하지 않는 고집불통이다.

7. 작은 일을 무시하기 때문에 소중한 것을 잃어버린다.

8. 일에 어려움이 있으면 빨리 포기하려고 한다.

9. 대범하지 못하고 과거에 얽매여 있다.

10. 힘들여 노력하기보다는 일확천금을 꿈꾼다.

꿈이 없으면 희망도 없다

사업에 성공하려면 상상력이 있어야 한다. 상상
력을 현실화시킬 때 성공 신화는 시작된다.
　　　　　　　　　　　　　　　　－찰스 슈왑

　　한국인 최초로 미국 PGA에서 우승한 프로 골프 선수 최경주. 고등
학교 시절 집안 형편이 어려운 그가 골프를 시작했을 때 모두가 비웃었
다. 그는 골프장에서 아르바이트를 하면서 타석이 비는 틈을 이용해 골
프 연습을 했다. 겨울에도 차디찬 방에서 지내기 일쑤였고, 무리한 연습
으로 손이 갈라졌지만 좌절하지 않았다. 포기하지 않는 불굴의 정신으
로 국내 프로 골프계를 휩쓴 최경주는 오랜 꿈이었던 PGA에 진출해 우
승을 거머쥐었다.

　　그는 하루에 7시간 넘게 연습할 정도로 연습벌레였지만 무조건 열
심히 한 것이 아니다. 원대한 꿈이 있었고, 꿈을 이루기 위해 피나는 노
력을 했던 것이다.

꿈을 현실로 만드는 건 열정이다

세상에는 그저 열심히 하는 사람이 있는 반면, 마음속에 꿈을 간직한 채 그 꿈을 향해 끊임없이 노력하는 사람도 있다. 얼핏 보기에 두 사람은 별 차이가 없는 것 같지만 시간이 흘렀을 때 결과에는 엄청난 차이가 있다. 꿈을 가슴에 품고 그 꿈을 자기 것으로 만들기 위해 끊임없이 노력하는 사람은 그렇지 않은 사람보다 훨씬 성취도가 높고 만족스러운 삶을 살아갈 것이다. 꿈이 있어야 열정을 쏟을 수 있기 때문이다. 열정이 있는 사람은 포기하지 않는다. 오로지 원대한 목표를 향한 도전 의식만 있을 뿐이다.

꿈이 있다면 지금 하는 일이 아무리 보잘것없고 힘들더라도 떳떳하고 당당할 수 있다. 꿈을 이루기 위해 잠시 거쳐가는 과정에 불과하기 때문이다. "희망은 가슴에서 샘솟는다. 사람은 항상 현재 행복한 것이 아니라 앞으로 행복해진다."고 한 알렉산더 포프의 말처럼 꿈이 있으면 희망을 잃지 않는다.

그렇다면 어떻게 꿈을 가슴속에 품게 되는 것일까? 내적으로는 지식과 가치관에 영향을 받고, 외적으로는 환경과 체험을 통해 만들어진다.

분명한 것은 열정이 있는 사람은 어떤 조건이나 환경에서도 어려움을 극복하고 꿈을 현실로 만들어낸다는 사실이다. 내성적이고 소극적이었던 사람이 열정적으로 변할 때 참으로 놀라운 일들을 해낸다. 능력이 없다고, 자신이 없다고 속단하지 말자. 내 안에는 어떤 일이든 할 수 있는 열정의 힘이 잠자고 있다. 이제 당신의 열정을 깨워라!

많은 기적을 보여준 성 프란체스코가 복음을 전하자 많은 사람들은 깊은 감동을 받고 지금까지와는 다른 사람으로 변했다. 하루는 제자가 성 프란체스코에게 물었다. "선생님, 왜 사람들은 선생님 말씀을 들으면 악한 사람은 착하게 변하고, 불안에 떨던 사람은 마음이 편안해져 돌아가는 건가요?" 그러자 성 프란체스코가 대답했다. "어느 날 하나님이 지구를 바라보셨다. 지구에서 가장 나약한 사람을 선택해 이렇게 말씀하셨다. '내가 너를 통해 나의 일을 펼치리라. 너를 통해 나의 뜻을 나타내리라.' 그 사람이 바로 나다."

11만 번 실패한 게 아니라
11만 가지 방법을 알아낸 것이다

그동안 강연하면서 다양한 사람들에게 그들의 꿈에 대해 물어보곤 했다. 그런데 자신의 소중한 꿈을 마치 장난처럼 이야기하는 사람들이 많았다. 분명한 사실은, 꿈을 명확하게 말하는 사람과 그렇지 않은 사람은 강의를 듣는 태도나 눈빛에서 상당한 차이가 있다는 것이다. 꿈이 있는 사람은 강의 내용을 자신의 것으로 만들고 삶에 변화를 주려는 의지가 엿보였다.

이처럼 꿈이 분명한 사람은 적극적이고 열정적이다. 꿈꾸는 사람에게는 내일이 바로 희망이다. 그리고 언젠가는 꿈이 이루어진다는 확신이 있기 때문에 아낌없이 열정을 쏟아낼 수 있다. 꿈을 이룬다는 것은 아무나 할 수

있는 일은 아니지만, 누구에게나 가능성은 열려 있다. 포기하지 않는다면 언젠가는 이루어진다.

에디슨의 경우를 한번 보자. 특허를 받은 발명품만 1천 개가 넘는 발명왕 에디슨이 세상을 깜짝 놀라게 한 발명은 단연 전기라고 할 수 있다. 하지만 아무리 발명의 천재 에디슨이라도 한 번에 전기를 발명한 것은 아니다. 에디슨이 전기를 발명하기까지는 11만 번이라는 어마어마한 실패가 있었다. 어느 날 제자가 "선생님은 전기를 발명하는 데 11만

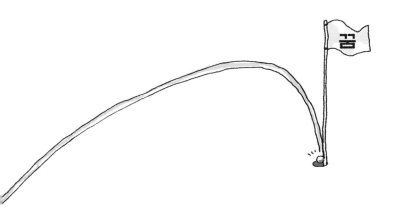

번이나 실패를 하셨군요."라고 말했다. 그러자 에디슨이 단호하게 대답했다. "아닐세, 그렇게 하면 안 된다는 11만 가지 방법을 알아낸 것뿐일세."

에디슨은 전기를 만들기까지 11만 번을 실패했지만 결코 절망하지 않았다. 전기를 발명해 세상을 밝게 하겠다는 확실한 꿈이 있었기에 열

정을 쏟아 연구했고, 마침내 성공했다.

　　꿈이 있다면 삶은 생각하는 대로 살아갈 수 있다.

당신은 희망이라는 땅을 얼마나 소유하고 있는가?

꿈과 희망의 소설 《보물섬》의 작가 로버트 스티븐슨이 말했다.

"희망은 영원한 기쁨이며 사람이 소유하고 있는 땅과 같은 것이다. 그것은 해마다 수익이 올라 결코 버릴 수 없는 확실한 재산이다."

땅을 보살피지 않고 팽개쳐두면 그야말로 '쓸모없는 땅덩이'에 불과하지만, 땅을 기름지게 잘 가꾸고 보살피면 풍성한 결실로 보답한다. 희망도 마찬가지다. 희망을 가슴에 품고 잘 가꾸어 꿈을 이루어갈 때 희망은 현실로 다가온다.

불가능해 보이는 꿈을 이루는 방법

성공의 출발은 꿈을 갖는 것에서부터 시작한다. 성공한 사람은 누구
에게나 자신 있게 말할 수 있는 원대한 꿈을 가슴에 품고 산다. 그의 눈
빛은 살아 있고, 장애물이 가로막고 있어도 우왕좌왕하지 않고 능숙하
게 대처한다. 그래서 꿈이 있는 사람은 멋지다.

역사를 거슬러 올라가면 불가능해 보이는 원대한 꿈을 현실로 이루
어놓은 사람들이 있다. 그들의 성공 원천은 무엇인지, 불가능을 가능으
로 만든 에너지는 어디서 나왔는지 살펴보자.

첫 번째, 꿈을 이루겠다는 확신과 자신감이 있다

샌프란시스코에는 세계적으로 유명한 다리 금문교가 있다. 지금은 샌프란시스코를 방문하면 꼭 한 번 들르는 관광지가 됐지만, 다리를 건설할 당시만 해도 그곳에 다리를 건설하기란 불가능하다고 생각했다. 차갑고 거센 조류와 안개, 그리고 수면 아래 지형이 복잡했기에 아무도 엄두를 내지 못했던 것이다.

그러나 조셉 스트라우스는 달랐다. 몇 가지 어려움이 있지만 반드시 방법을 찾아내겠다고 결심했다. 1933년 스트라우스는 자신의 전 생애를 걸고 다리를 건설하기 시작했다. 드디어 1937년 5월 24일, 2,825미터나 되는 긴 다리를 4년 동안 20만 명을 동원하고 3,500만 달러를 들여 완성했다. 스트라우스의 자신감과 열정의 산물인 금문교는 현재 미국의 자랑거리가 되었으며, 미국 토목학회에서 7대 불가사의의 하나로 꼽는다. 바라던 것을 꼭 이루겠다는 확신과 자신감을 갖고 도전하는 것, 이것이야말로 꿈을 현실로 바꾸는 첫 번째 관문이다.

두 번째, 장애물을 두려워하지 않는다

한 가지 장애를 갖고 사는 것도 쉽지 않은데 보지도 듣지도 말하지도 못하는 장애를 평생 안고 살면서도 위대한 업적을 일군 여성이 있으니 바로 헬렌 켈러다. 그녀는 설리번 여사의 도움으로 멋지게 장애의 고통을 극복해 세계 최초로 대학 교육을 받은 맹농아가 되었다. 뿐만 아니라 장애인들을 위해 봉사하는 한편, 세계 평화를 위해서도 눈부신 활동을 펼친 기적의 여성이다. 헬렌 켈러의 노력과 정신력은 장애인들에게 희망을 주었고, 다양한 활동으로 '빛의 천사'라고도 불렸다. 헬렌 켈러는 세상을 떠날 때까지 저술과 봉사활동을 하며 평생을 보냈다.

보지도 못하고 듣지도 못하고 말하지도 못하는 여성도 이처럼 용감하고 씩씩하게 세상을 살았는데 두려워할 것이 무엇인가? 우리 앞에 놓인 장애물을 한 걸음 떨어져서 객관적으로 바라보자. 대단한 장애라고 생각했던 것들이 그리 대단하지 않을 수도 있다. 고난의 터널을 지혜롭게 통과하면 당신 앞에 아름다운 세상이 펼쳐질 것이다.

세 번째, 열정적으로 행동한다

하인리히 슐리만은 아홉 살 때 아버지로부터 고대 그리스의 트로이라는 도시가 땅 속에 묻혀 있다는 이야기를 들었다. 이때부터 슐리만의 머릿속에는 트로이라는 도시가 떠나지 않았다. 슐리만은 트로이 관련 서적을 찾아보면서 트로이 유적을 찾아내겠다는 꿈을 가슴속 깊이 품었다.

부모님이 돌아가시고 그도 병을 앓게 되어 발굴에 필요한 자금을 마련하지 못했으나 여러 직업을 전전하면서 돈을 모았고, 틈만 나면 고고학 공부를 했다. 그러다 슐리만이 마흔네 살이 되었을 때 드디어 발굴 작업에 착수할 수 있게 되었다. 땅을 계속 파내려가자 놀랍게도 땅 속 7미터 지점에서 성벽이 보이기 시작했다. 그리고 그것이 트로이 유적이라는 것을 밝혀냈다.

슐리만은 어린 시절에 품은 꿈을 이루기 위해 부단히 노력했고, 결국 그 꿈을 실현했다. 상상 속의 도시를 현실로 이끌어낸 것이다.

네 번째, 과거에 연연하지 않고 앞만 보고 달린다

'단편소설의 거장' 하면 오 헨리를 떠올린다. 그는 10년 남짓의 활동을 통해 300여 편의 위대한 작품을 남겼다. 그가 많은 작품을 집필할 수 있었던 에너지의 원천은 3년 간 감옥에서 수감 생활을 하는 동안의 체험에서 비롯됐다. 어려서 부모를 잃은 오 헨리는 학교 교육을 제대로 받지 못하고 공금 횡령 혐의로 수감됐는데, 이 기간 동안 평생에 걸쳐 할 수 있을 법한 다양한 경험을 했다.

《올리버 트위스트》의 작가 찰스 디킨스 역시 암울하고 빈곤한 과거를 가지고 있다. 학교는 거의 다니지 못했고, 열두 살 때부터 공장에서 일했다. 무서운 빈곤과 비인도적인 노동, 비극적인 첫사랑 등의 경험은 첫 작품 《데이비드 코퍼필드》를 세상에 내놓게 했고, 이어서 《올리버 트위스트》, 《크리스마스 캐럴》 등 위대한 작품을 남기는 밑거름이 되었다.

수감 생활이나 가난하고 어두운 과거는 그들을 더 나쁜 상황으로 몰고갈 수도 있었다. 그렇지만 과거에 연연하지 않고 과거를 기반으로 한 새로운 다짐이 위대한 두 작가를 탄생시켰다.

꿈이 있는 사람이 성공하는 5가지 이유

꿈은 우리 안에 있는 잠재력을 발휘하게 해 승리의 기쁨을 맛볼 수 있게 해준다. 꿈을 가지고 성공한 사람들에게는 남다른 특별함이 있다.

1. 확고하고 분명한 목표가 있다.

2. 긍정적으로 생각하고 행동한다.

3. 자기 계발을 하는 데 열심이고 자신감이 있다.

4. 실패해도 좌절하지 않고, 실패를 통해 더 많은 것을 배운다.

5. 소신과 결단력이 있다.

꿈을 성공으로 만든 사람들

> 꿈을 날짜와 함께 적어놓으면 목표가 되고, 목표
> 를 잘게 나누면 계획이 되며, 그 계획을 실행에
> 옮기면 꿈은 실현되는 것이다.
> ─그레그

꿈이 있는 사람은 눈빛이 살아 있고 힘이 넘친다. 꿈은 새로운 미지
의 세계를 향해 나아갈 수 있도록 해주는 나침반이므로, 꿈이 있는 사람
은 미래에 대한 두려움이 없다. 꿈을 이루어갈수록 삶은 풍요로워지고,
마음속에는 열정과 자신감으로 가득 찬다.

사업가로 변신한 40대 전업주부의 꿈

40대 전업주부 김영숙 씨는 결혼과 동시에 직장을 그만두고 10년
넘게 살림살이와 육아에만 전념했다. 그런데 둘째아이도 초등학교에 들
어가고 시간 여유가 생기니 무슨 일이든 하고 싶다는 생각이 들었다. 예

전부터 사업가의 꿈을 안고 있었던 김영숙 씨는 틈틈이 영어 공부도 하고 신문을 열심히 읽으면서 경제 흐름을 관심 있게 지켜봤다.

어떤 일부터 시작할지 고민하다가 잘할 수 있는 일을 찾기로 했다. 워낙 붙임성 있는 성격에 말을 잘해서 물건 파는 일을 잘할 수 있을 것 같았다. 대학 시절 판매 아르바이트할 때도 김영숙 씨가 판매하면 매상이 좋아 주인의 신임을 단단히 받기도 했었다.

미국에 사는 친구의 도움으로 외국 브랜드 아동복을 온라인으로 팔기로 했다. 처음 6개월 동안은 별 반응이 없었지만, 차츰 입소문이 퍼져 지금은 웬만한 샐러리맨 월급 정도의 수익을 올리고 있다. 김영숙 씨는 이제 본격적으로 아동복 회사에서 직접 수입하려는 준비를 하고 있다. 그래서 영어와 중국어 공부에도 열심이다. 그녀는 예전보다 훨씬 밝은 얼굴로 생활한다. 예전처럼 집안일에 시간을 많이 투자할 수는 없지만, 전보다 행복한 얼굴로 가족들을 대하므로 가족들 모두 김영숙 씨의 열렬한 응원자가 되었다.

김영숙 씨의 경우처럼 꿈이 있는 사람은 남다른 면이 있다.

첫째, 의식이 분명해서 자신의 꿈을 놓치지 않고 살아간다.

둘째, 어학 또는 관련 분야에 대한 학습열이 뛰어나다.

셋째, 기회가 왔을 때 적극적으로 추진한다.

직장 생활을 계속했든 안 했든 상관없이, 꿈이 있고 얼마나 준비를 했느냐가 성공의 관건이다. 내면의 욕구가 무엇인지 알고 열심히 꿈을 향해 달려갈 때 남들과 다른 좀더 특별한 삶을 살아갈 수 있다.

중요한 것은 꿈을 이루겠다는 집념이다

꿈을 이루려는 열망이 강하면 반드시 실현된다. 그렇다고 마음만으로 모든 일이 해결되지는 않는다. 꿈을 이루기 위해 어떻게 해야 좋을지 생각하고, 꿈을 이루기 위해 한 계단씩 밟고 올라가며 준비해야 한다.

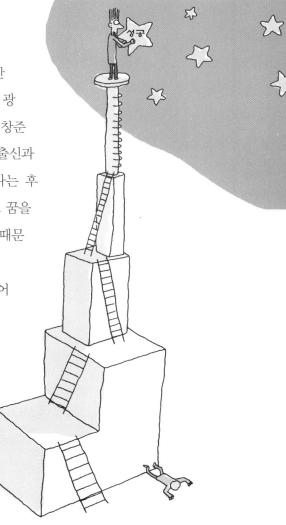

취업 준비생인 오창준 씨. 요즘 취업하기가 하늘의 별 따기만큼이나 어려운 이때 업계 최고 광고기획사에 당당하게 합격했다. 창준 씨는 학사 출신이었지만 석사 출신과 해외 유학파도 상당수 떨어졌다는 후문. 창준 씨의 합격 요인은 바로 꿈을 이루기 위해 차근차근 준비했기 때문이다.

창준 씨는 광고기획사에 들어가기 위해 경력을 쌓았다. 방학 때는 작은 기획사라도 비슷한 일을 하는 곳이면 들어가서 열심히 일했다. 세상에 대한 안목을 기르기 위해 여행이나 봉사활동에도 열심이었고,

영어는 새벽 시간에 학원에 다니며 실력을 쌓았다. 또한 기획사 근무 시절 친하게 지내던 선배들로부터 지원 회사에 대한 정보를 수집할 수 있었다. 이렇게 만반의 준비를 갖춘 다음 시험과 면접에 임했다. 창준 씨의 경력과 열정은 다른 어떤 지원자들보다 돋보였다. 인사 담당자는 창준 씨의 열정을 높이 샀고, 창준 씨는 당당하게 합격했다.

중요한 것은 꿈을 이루고 싶다는 집념이다. 그러면 그 꿈을 내 손에 잡고, 마음에 담을 수 있는 날이 분명히 온다.

꿈이 있다고 누구나 다 성공하는 것은 아니다. 꿈이 있다면 움직이도록 시동을 걸어야 한다. 꿈밭이 있다면 개간하고 씨를 뿌려야 한다. 그렇게 해야 꽃이 활짝 피어 풍성한 열매를 맺을 수 있다.

꿈을 갖기 위한 3가지 원칙

첫 번째, 꿈이 무엇을 가져다줄 것인지 생각한다. 왜 꿈을 꾸는 것인지, 꿈을 이룬 다음 자신의 모습을 상상해본다.

두 번째, 언제 이루려고 하는지 시간을 정해놓는다. 시한을 정하면 꿈에 집중할 수 있고 체계적이어서 전체적인 밑그림이 그려진다.

세 번째, 어떻게 성취할 것인지를 생각한다. 꿈을 이루기 위해 시간을 어떻게 활용하고 어떻게 생활해야 하는지 곰곰이 생각해본다.

도전 의식이 불타오르는
목표를 세워라

우리는 어떤 목표에 도달하기 위해 이 세상에 태
어났다. 이 목표를 우리는 '사명'이라고 부른다.
그것은 우리가 존재하는 이유고, 이 세상의 행로
를 걸어가는 이유다. 이것을 찾는 일이 인생 행로
며 성장해가는 일부분이다. 참된 인생 과업을 수
행하기 위해 우리는 우리가 도달하게 될 목표를
설정해야만 한다.

―앨런 오켄

자신이 원하고 바라는 것을 자유롭고 솔직하게 표현하는 것, 그것이
바로 꿈이다. 꿈을 실현시키겠다고 마음먹은 순간 꿈은 목표로 변한다.
꿈이 막연하게 바라는 것이라면, 목표는 일정한 기간을 두고 구체적인
모습으로 나타난다.

가령 배낭 여행의 꿈이 있다면, 아르바이트를 해서 한 달에 100만
원씩 6개월을 모으겠다는 단계별 목표를 세워야 한다. 이것이 꿈과 목
표의 차이다. 목표를 이루었을 때의 기쁨은 다른 어떤 것과도 비교할 수
없을 정도로 최고의 성취감을 맛보게 해주기에 우리는 목표를 세우고
성공을 만들어간다.

목표에 따라 현재 모습이 달라진다

꿈이 생겼다면 이제 실현 가능한 목표를 세우는 단계로 접어들어야한다. 목표가 분명할수록 모든 열정을 다 쏟을 수 있기 때문이다. 목표는 우리를 끊임없이 자극하고 발전시킬 수 있는 지표가 된다. 목표가 있어야 하는 이유를 네 가지로 정리해볼 수 있다.

첫째, 동기 유발의 밑거름이 된다. 어떤 선택을 하느냐에 따라 미래의 모습은 완전히 바뀌게 된다. 그래서 우리는 "그때 그 사람과 결혼했어야 했는데……." "다른 회사에서 스카우트 제의가 왔을 때 옮길걸……." 하면서 과거의 선택을 후회하기도 한다. 이런 후회는 모두 목표가 확고하지 못했기 때문에 생긴다. 목표가 확고하고 분명하면 후회하지 않는 선택을 할 수 있다.

둘째, 직업을 선택하는 기준이 된다. 10년 안에 10억의 꿈을 이루겠다는 목표를 세웠다면 돈을 어떻게 모을 것인지를 생각해야 한다. 지금 있는 직장에서는 월급에 한계가 있으므로 주말을 이용해 투잡을 하든지, 직장을 다니면서 주말과 저녁 시간을 이용해 인터넷 쇼핑몰을 열 수도 있다.

셋째, 열정적으로 일한다. 목표가 있는 사람과 목표가 없는 사람은 일을 하는 과정과 결과에서 상당한 차이가 있다. 일에 대한 열정에 차이가 있기 때문이다. 똑같이 주어진 일이라 하더라도 목표가 있는 사람은 기대 이상의 결과물을 만들어낸다.

넷째, 아침 일찍 일어나게 된다. 성공한 CEO나 부자들은 아침형 인간이 많다. 남보다 삶에 대한 목표가 뚜렷하고, 계획성 있는 하루를 보내기 위해서다. 이들은 아침 시간에 책이나 신문을 읽고 운동을 하며 하루 일과를 구상한다. 또 아침에 일어나면 집중이 잘 되고 하루를 일찍 시작하기 때문에 남들보다 많은 시간을 확보할 수 있다.

목표가 있으면 우울해질 틈이 없다

목표는 구체적이고 확실해야 한다. 평생 목표와 20년, 10년, 5년, 3년, 1년 그리고 날마다 자신이 세워놓은 목표를 향해 움직이고 행동해야 한다. 목표에 도달하는 동안 수많은 시련과 아픔과 고통이 있겠지만 그러하기에 더 값진 삶을 살아갈 수 있다.

위대한 목표가 있으면 무기력감에 빠지거나 우울해질 틈이 없다. 바쁘고 힘차게 움직여야 하기 때문이다. "확신 없이는 아무 일도 일어나지 않는다. 확신은 모든 성공 비결의 비밀 열쇠다."라고 말한 피터 허시의 말처럼 목표를 세운 다음 확신을 갖고 바쁘게 움직이자. 목표가 없고 아무것도 하지 않을 때 무기력감이나 우울 등이 마음속에 뿌리를 내릴 준비를 하고 있다.

주위를 보면 무슨 일이든지 열심히 배우고 자기 계발을 게을리하지 않는 사람들이 있다. 새벽 일찍 일어나 어학 학원에 다니고 대학원에 진학하기도 한다. 이런 사람들은 목표가 뚜렷하다. 그리고 자신이 가야 할 방향이 어디인지, 어느 정도 접근했는지에 주의를 집중한다. 이처럼 목표가 확실하면 자기를 계발하고 발전하는 데도 매우 중요하다. 이 모든 것들은 실현과 성취의 열쇠가 된다.

성공하려면 자신감도 중요하고 현명한 결정도 해야 하지만, 그 모든 것의 초점은 목표 설정이다. 목표는 불타는 욕구와 강렬한 자신감을 불러 일으키고 확실한 결정을 내리도록 도와준다. 목표를 명확하게 세우면 그 목표는 신비한 힘을 발휘한다. 지금까지 불확실한 것처럼 보였던 것들이 뚜렷한 모습으로 나타난다.

원하는 것을 성취하는 비결

럭비가 일본에서 많은 사랑을 받게 된 이유는 일본의 와세다 대학 주쿠사와 선수 때문이다. 주쿠사와가 처음 럭비부에 들어갔을 때, 키가 작고 패스도 약해 선수로서 불리한 조건이었다. 그러나 그는 좌절하지 않았다. 신체적인 결함이 있었기에 더욱 열심히 노력했고 피나는 훈련을 거듭했다. 그 결과 신체적인 결함을 극복하고 프로팀 선수로 들어가게 되었다. 그는 목표가 분명했다. 훌륭한 럭비 선수가 되는 것이었다. 그래서 확신에 찬 플레이와 보이지 않는 태클, 책임감 있는 경기를 펼쳐 마침내 '작은 캡틴'이라는 별명까지 얻은 훌륭한 럭비 선수가 되었다.

성공하기까지는 반드시 크고 작은 장벽과 맞닥뜨리게 된다. 그 장벽을 제대로 허물어야 비로소 성공의 길로 접어들 수 있다. 장벽이란 일상적인 생각에서 갖는 한계일 수도 있고, 인식의 벽일 수도 있다. 성공한 사람들은 스스로 벽을 허물고 한계를 극복했다. 그들의 성공 비결을 다음과 같이 정리할 수 있다.

첫째, 원하는 목표를 분명하게 정하라.

둘째, 성취할 날을 정하라.

셋째, 전체적인 큰 그림을 그리고 세부적인 계획을 세워라.

넷째, 하루에 두 번 이상 계획을 살펴보고 외쳐라.

47

powerful advice

목표를 향해 달려가기 전에 점검할 것들

목표를 세웠으면 그 목표를 향해 힘껏 달려가기 전에 목표가 적절한지 생각하는 시간을 갖자.

1. 내가 세운 목표가 부정적이지 않고 긍정적인가?
2. 목표 달성을 방해하는 장애물은 무엇인가?
3. 목표 달성을 위해 준비해야 하는 것은 무엇인가?
4. 목표 달성을 위해 함께 해줄 사람은 있는가?
5. 목표 달성을 위해 알아야 하는 정보나 지식은 무엇인가?

작은 목표부터 큰 목표까지 세워라

목표가 없는 사람은 아무리 노력해도 수렁에 빠져 허우적대는 것과
같다. 우리를 불행하게 하는 것은, 먹을 것이 없다거나 입을 것이 없을
때만이 아니다. 삶의 목적을 잃어버리는 것처럼 인간을 불행하게 만드
는 것도 없다.

목표를 세울 때 지켜야 할 3가지 원칙

첫째, 이룰 수 있는 작은 목표부터 시작해서 큰 목표까지 세워야 한
다. 처음부터 너무 과도한 목표를 세운다면 도전해보지도 못하고 목표
를 바라만 보다가 쓰러질 것이다. 어린아이가 하루아침에 성인이 될 수

49

없듯이 성공 과정에도 단계가 필요하다. 지나친 목표를 세우고 달려간다면 열정을 쏟기보다 지레 겁먹고 포기하거나 지쳐서 포기하게 될 것이다. 목표를 이루었을 때의 기쁨과 맛을 알아야 더 큰 도전이 가능하다. 너무 막연한 목표를 찾기보다는 주변에서 가까운 목표부터 실천해 나갈 때 최종 목적지에 도착할 수 있다.

둘째, 자신의 장점에 집중하라. 많은 장점 가운데서 목표를 세울 수 있다. 그렇다고 약점을 무시하라는 말은 아니다. 약점도 다르게 생각하면 장점이 될 수 있다. 하지만 자신이 잘하는 것, 능숙한 것, 호감 있는 것에 온 관심을 집중하라.

셋째, 마음에 여유를 가져라. 너무 초조해하지 말고 여유를 갖고 목표를 세워라. 시작은 늦는 법이 없다. 일흔 살이 넘어서도 전문적인 분야에서 능력을 마음껏 펼치는 사람도 있고 예순 살에 직업을 바꿔 만족스러운 삶을 살아가기도 한다. 또 어떤 사람은 쉰 살이 넘어 미국 공인회계사 시험에 합격하고 아흔 살이 넘어 운전면허를 취득하기도 한다. 인생을 멀리 보고 하고 싶은 일을 하라.

열정과 끈기로 절대 포기하지 마라

목표를 세웠으면 시간을 충분히 투자해 에너지와 열정을 쏟아야 한다. 사람은 누구나 무한한 가능성이 있다. 목표를 이루겠다는 믿음이 있으면 길은 반드시 열리게 되어 있다. 세상에는 갖가지 불운과 역경이 있지만 그 모든 것을 딛고 일어나 성공한 사람들 또한 많다. 그들은 불행을 오히려 교훈으로 삼고 시련을 재산으로 만들었다. 쓰러져도 우뚝 일어서는 열정을 가진 사람들이다. 열정이 강하면 강할수록 능력을 마음껏 발휘할 수 있다.

　영화 〈슈퍼맨〉의 주인공 크리스토퍼 리브. 1978년 〈슈퍼맨〉의 주인공으로 발탁됐을 당시 명문 코넬대 학력에 수려한 외모까지 갖추어 영화 속 슈퍼맨처럼 완벽해 보였다. 그러다 1995년 낙마 사고로 하루아침에 전신마비가 되었다. 그러나 좌절하지 않고 휠체어에 앉아 영화에 출연하고 감독도 했다. 이후 9년 간 휠체어 생활을 했지만 눈물겨운 재활 의지로 죽기 전까지 신체 70퍼센트 이상의 감각을 되찾았다.

그는 장애인에게 재활 의지를 심어준 공로로 2004년 9월 미국의 노벨 의학상으로 불리는 래스카상 공공부문 상을 수상했다. 그가 세상을 떠나고 나서는 평상시 타고 다니던 밴을 전신마비 소년에게 기증하기도 했다. 비록 지금 그는 세상을 떠나고 없지만, 그의 정신과 불굴의 의지는 짙은 향기처럼 잊혀지지 않는 깊은 감동을 준다.

tip ···powerful Advice

목표가 흔들리는 순간

목표를 세우고 이에 따라 계획을 세우지만 의지가 약해지고 목표를 포기하고 싶은 순간과 맞닥뜨릴 때가 있다. 그럴 때는 부정적인 에너지를 몰아내고 긍정적인 에너지로 온몸을 채워야 한다. 머릿속을 흔드는 온갖 생각들을 비우기 위해 마음을 가라앉히고 평정심을 유지해야 한다.

최선을 다해
살아가는 사람은 감동을 준다

우리 몸에서는 세 가지 액체가 나온다. 피와 땀과 눈물이다. 성공을 일구기 위해 최선을 다할 때 피와 땀과 눈물이 쏟아진다. 피와 땀과 눈물을 흘리지 않고 성공한 사람은 없다. 피는 용기의 상징이요, 눈물은 정성의 상징이요, 땀은 노력의 상징이다. 성공은 곧 피와 땀과 눈물이기에 그 무엇과도 바꿀 수 없다.

최선을 다해 노력한 10분의 힘

인생은 하루에 끝나지 않는다. 꾸준히, 있는 힘을 다해 끝까지 노력할 때 더욱 큰 것을 이룰 수 있다. 하지만 순간적으로 큰 힘을 발휘하는 것보다 꾸준히 끝까지 같은 힘을 내기란 상당히 어렵다.

미국의 20대 대통령 제임스 가필드는 어려서부터 지는 것을 몹시 싫어했다. 그러다 보니 자신보다 잘하는 사람들을 이기기 위해 최선을 다해 노력하게 되었다.

가필드가 대학생 때의 일이다. 같은 과에 수학 성적이 굉장히 뛰어난 학생이 있었다. 무슨 일이든 지기 싫어했던 가필드는 그 친구를 따라잡기 위해 수학을 집중적으로 공부했다. 그런데 아무리 노력해도 그 친구를 따라잡을 수 없었다. 어느 날 밤 가필드가 잠자리에 들려고 했을 때 건너편에 있는 그 친구의 기숙사 방은 아직까지 불이 켜져 있는 것을 발견했다. 불을 끄고 가만히 지켜보니 정확히 10분 뒤에 친구 방의 불도 꺼졌다. '그랬구나, 10분이 나를 뒤지게 만들었구나.' 그날 이후 가필드는 그 친구보다 10분 더 늦게까지 공부했다. 불과 10분이었지만 한 달이면 5시간이었고 1년이 모이면 엄청난 차이였다. 가필드는 얼마 안가 그 친구를 따라잡았다. 10분의 소중함을 알고 최선을 다하는 그였기에 대통령 자리에까지 오를 수 있었다. 가필드는 대통령 취임식에서 이렇게 말했다. "10분을 잘 활용하십시오. 그 10분이 성공을 이끄는 원동력이 될 것입니다."

현재 최선을 다하는 것

산다는 것은 결국 자신과의 싸움이다. 최선을 다해 산다면 후회는 없다. 성공과 실패를 떠나 최선은 그 자체로 성공의 의미를 가지고 있기 때문이다. 특히 열정을 쏟아내며 최선을 다해 살아가는 모습은 감동적

이다. 자신을 사랑하게 될 뿐만 아니라 옆에서 지켜보는 사람들에게도 기쁨과 희망의 메시지를 전해준다.

흔히 성공이라는 함은 각 분야에서 최고의 사람이 되는 것이다. 그렇기에 시간과 정력을 아낌없이 투자한다. 그리고 그 최선을 다하는 삶이 또 최고의 보람된 삶을 만드는 것이다.

미국의 수영선수였던 마크 스피츠는 이렇게 말했다. "나는 최선을 다하려고 애썼다. 나는 내일 일에는 관심이 없고 오로지 오늘 일어나는 일에만 관심이 있다." 스피츠는 1968년 멕시코 올림픽 대회에서 2관왕을 차지했고, 1972년 뮌헨 올림픽에서는 자신이 참가한 일곱 개 전 종목에서 세계 신기록을 세우며 금메달을 획득해 올림픽 최다인 아홉 개의 금메달을 획득했다.

하이램이라는 천덕꾸러기 소년이 있었다. 그의 부모는 그를 양육하는 것이 하도 어려워서 미국의 남북전쟁이 일어나기 전에 어린 나이인 그를 강제로 사관학교에 보냈다. 신장이 153센티미터밖에 되지 않았던 그는 그곳에서 늘 키가 작다고 놀림을 받았다. 그러나 그는 누구를 원망하거나 육체적 결함을 비관하지 않고 조용히 고향에 내려가 농사를 지었다. 그러던 중에 남북전쟁이 터져서 장교가 더 필요하게 되자 그는 북군 장교로 싸우게 되었다. 상관인데도 불구하고 부하들로부터 대우를 받지 못했지만 불평하지 않고 묵묵히 최선을 다했다. 성실한 모습으로 많은 사람들로부터 존경과 신뢰를 얻은 그는, 마침내 미국 최초의 육군 대장이 되었다. 그리고 미국의 18대 대통령에 당선되었다. 그가 바로 율리시즈 그랜트 대통령이다.

powerful Advice

열정적인 사람은 지적인 싸움을 즐긴다

잭 웰치는 열정에 대해서 이렇게 말했다. "적당한 열정이야말로 성공의 성패를 가르는 가장 중요한 기준이다. 열정을 시험할 수 있는 가장 좋은 방법은 그것이 어디에서 비롯된 것인지에 상관없이 새로운 아이디어와 변화에 얼마만큼 개방적인 태도를 지니고 있는가를 알아보는 것이다."

열정이 있는 사람들은 자신의 의견에 도전받는 것을 두려워하지 않는다. 그들은 아이디어를 더욱 풍성하게 만드는 지적인 싸움을 즐긴다. 바로 그러한 사람들이 개방적이면서도 끊임없이 뭔가를 배우는 조직 문화를 만들어낸다.

인생을 살아가는 3가지 방법

한 생명의
고통을 덜어준다면
할딱거리고 있는 상처 입은 작은 새 한 마리를
자기의 둥지로 돌아가게 도와준다면
난 헛된 삶을 살지 않았다.

−에밀리 디킨슨

인생은 누구에게나 똑같이 주어진다. 돈이 많다고 두 번 사는 것도 아니고 무식하다고 해서 인생이 짧아지는 것도 아니다. 출발은 똑같지만 어떻게 살아가느냐에 따라 결승점에 도착했을 때 상당한 차이가 생긴다. 조금만 생각을 바꾸면 인생은 매우 재미있다. 세상의 중심에 선 주인공이 될 것인가, 들러리가 될 것인가?

당신의 인생관은 어떤 유형인가?

첫 번째는 무의미한 인생이다. 이런 사람들의 묘비명에는 짧은 몇 마디 글만 남겨질 것이다. '태어나고 먹고 살다 죽다.' 그럭저럭 먹고살면 되는 게 인생이라고 생각하는 부류다. 삶의 의미라든가 목표, 헌신, 계획과는 거리가 멀다. 애써 열심히 노력하기보다는 그저 되는 대로 살아간다. 목표가 없거나, 목표를 세우더라도 작심삼일이 될 뿐이다. 의욕이 있다가도 금세 무의욕증과 우울증에 시달려 사는 재미도 없다. 이들은 특히 열심히 도전적으로 사는 사람들을 봐도 자극받지 않고 남의 일이라며 외면한다. 이런 사람들 주위에는 가급적 가지 않는 것이 좋다. 무의욕증은 전염성이 강해서, 조직 내에 이런 사람이 있으면 무의욕증 바이러스가 퍼져 일의 능률이 떨어진다.

두 번째는 인생에 의미는 있으나 고정관념에 빠진 고집불통이다. 이들은 자기가 한번 내세운 주장은 절대 굽히는 법이 없다. 말도 안 되는 주장을 해서 이에 반박하면 더 열을 내거나 함부로 말한다. 이들의 삶은 한마디로 아집으로 똘똘 뭉친 삶이다. 목표를 세우면 무섭게 파고들지만, 다른 사람을 배려하지 않고 자기 입장만 중요시하기 때문에 주위 사람들에게 피해를 준다. 이들은 구두쇠인 경우가 많다. 자기 돈이든 남의 돈이든 일단 호주머니에 들어온 돈은 웬만해서 쉽게 나가지 않는다. 그렇지만 의외로 단순한 구석이 있어서 어처구니없게 사기를 당하기도 한다.

세 번째는 성공을 향해 목표를 세우고 열과 성을 다하는 인생이다. 이들은 성공 가능성이 가장 큰 부류다. 고난의 길도 마다하지 않고 묵묵히 제 갈 길을 걸어가고, 목표가 확고해 우왕좌왕하지 않는다. 인생에 대한 그림을 그려놓았기에 현재 자신이 어디쯤 왔는지 머릿속에서 가늠할 수 있다. 목표가 확고하기 때문에 의욕적이고 열정적으로 일한다.

인생의 진리가 담겨 있는 3가지 에피소드

카네기의 사무실에는 그가 아끼는 그림 한 폭이 걸려 있었다. 그 그림은 유명한 화가의 작품도 아니고 값나가는 골동품도 아니었다. 커다란 나룻배에 노 하나가 걸쳐 있는 그림인데, 썰물 때 배가 밀려 모래사장에 아무렇게나 버려진 볼품없고 처절하기까지 한 그림이었다. 그런데 그 그림 밑에는 "반드시 밀물 때가 오리라."는 글귀가 적혀 있었다. 카네기는 춥고 배고프고 초라했던 청년기에 그 글귀를 보고 희망을 갖게 되었다고 한다.

아인슈타인 이후 최고의 두뇌로 알려진 케임브리지 대학의 수학 교수이자 이 시대 최고의 물리학자인 스티븐 호킹 박사는 대학원 재학 중에 몸 속의 운동신경이 차례로 파괴되어 전신이 뒤틀리는 루게릭 병에 걸려서 3년밖에 살 수 없다는 진단을 받았다. 호킹 박사는 처음에는 심각한 우울증에 빠졌지만 얼마 후 정신을 차리고 굳게 결심했다. '시한부 삶이면 어떤가? 나에게 주어진 시간이 그것밖에 없다면 더 값지게 시간을 활용하면 되지. 앞으로 얼마나 남아 있을지 모르지만 계속 일을 하자. 어쩌면 연구할 수 있는 시간이 생각보다 많이 남았을지도 모른다.'

스티븐 호킹은 3년이라는 시한부 인생을 뛰어넘어 세계 물리학계에 엄청난 업적을 남겼다. 지금은 아인슈타인에 버금가는 학자로 인정받는다. 서른두 살에 사상 최연소 영국 왕립협회 회원이 된 그는 청년들에게 이렇게 말했다. "우리는 최선을 다해야 한다."

열세 살의 소년 바비 힐은 이탈리아에 주둔하던 미군 상사의 아들이었다. 어느 날 알베르트 슈바이처 박사에 대한 글을 읽던 바비 힐은 유럽 지역 미 공군 사령관인 리처드 린제이 장군에게 편지를 썼다. "제가

아스피린 한 병을 샀어요. 이 약을 아프리카에 계신 슈바이처 박사님 병원에 낙하산으로 떨어뜨려주세요!" 린제이 장군은 이 소년의 편지 내용을 방송국에 알렸다. 이 방송을 들은 유럽 사람들이 모은 약품은 무려 40만 달러어치나 되었다. 그리고 이탈리아와 프랑스가 제공한 비행기 편에 바비 군을 동승시켜서 아프리카로 보냈다. 슈바이처 박사는 감격해서 말했다. "어린아이가 이런 큰일을 할 수 있으리라고는 꿈에도 생각해본 적이 없습니다." 다른 사람을 도우려는 열세 살 소년의 마음이 아프리카에서 죽어가는 많은 사람들을 구하는 손길이 되었다.

Powerful Advice

유쾌하게 사는 7가지 조언

마음먹기에 따라 인생은 살 만하기도 하지만 지옥이 될 수도 있다. 유쾌하게 살기 위한 7가지 원칙을 소개한다.

1. 쾌활하게 생각하고 행동하라.
2. 타인에 대한 분노를 쌓지 마라.
3. 도움을 받았다면 더 많이 베풀어라.
4. 걱정은 에너지만 소비시킨다는 점을 명심하라.
5. 타인을 흉내 내지 말고 소신 있는 자기 자신이 돼라.
6. 운명이 우리에게 레몬을 준다면 그것으로 레몬 주스를 만들어 먹어라.
7. 봉사함으로써 자기를 잊어라.

일터에서 실력을 인정받으려면 재능, 경험, 인간관계, 리더십, 어학 능력 등이 두루두루 갖춰져야 하지만, 그 모든 것을 아우르는 것이 열정이다. 열정적으로 일하면 일이 재미있고 시간 가는 줄 모르고 힘들지 않다. 마지못해 하는 일은 힘만 들고 성과는 극히 적다. 만약 당신이 CEO나 팀을 이끌어가는 사람이라면 직원들 혹은 팀원들의 열정을 이끌어내는 일을 제1과제로 생각하고 행동하라.

CHAPTER 02

열정적으로 일하면
일에서 자유로워진다

passion for success

내 안에 숨어 있는 열정을 깨워라

이 세상은 활기찬 모습으로 원대한 목표를 향해
변화해가는 사람들의 것이다.
－랠프 왈도 에머슨

　　어떤 일을 할 때 미친 듯이 재미있다거나, 누군가가 당신에게 "당신은 참 열정적이군요."라는 말을 건넨 적이 있는가? 만약 그렇지 않다면 당신에게 열정이 부족한 건 아닌지 한번 점검해볼 필요가 있다. 열정을 강조하는 이유는, 열정에 따라 행동하는 사람은 업무 성과가 뛰어날 뿐만 아니라 만족스러운 삶을 살아가기 때문이다. 또한 열정은 주위로 전염되는 효과가 있어 한 사람의 열정으로 전체가 행복한 열정에 빠지게 된다.

열정이 넘치는 사람은 나이를 먹지 않는다

열정은 뜨거운 정신이다. 별 볼일 없던 일을 새롭게 변화시키는 힘이다. 열정이 넘치는 사람은 자신의 삶에서 즐거움을 찾아내고, 언제나 젊게 살아간다. 그래서 많은 사람들이 열정적으로 살아가는 사람을 부러워한다. 열정에 따라 행동하면 쉽게 집중할 수 있을 뿐만 아니라, 보다 적극적인 자세로 세상을 살아갈 수 있다. 따라서 다른 사람들과 비교할 때 뛰어난 성과를 올리고 훨씬 행복한 삶을 살아가게 된다.

현대미술의 거장 피카소의 경우를 보자. 스페인 태생의 프랑스 화가 피카소는 그림을 그리는 일에 온 열정을 바쳤던 화가로 유명하다. 그는 불과 스물다섯 살의 나이에 다른 화가들이 평생 동안 그릴 그림을 다 그렸다. 그의 작품성이 인정받기 시작하면서 그림이 엄청난 가격에 팔려 나갔다. 억만장자가 되었지만 그는 정작 돈에는 전혀 관심이 없었다. 그저 그림을 그리는 일이 즐거움이었고 그럴수록 더욱 심혈을 기울여 그렸다. 그가 아흔한 살의 나이로 세상을 떠날 때 그를 지킨 것은 그림 그리는 도구였다. 이처럼 성공하려면 원하는 일을 멈추지 말고 계속해야 한다.

내 안에 숨어 있는 열정 찾기

피카소처럼 그림에 대한 열정을 발견해 화가로서 성공한 삶이 있는 반면, 대부분은 자신이 어떤 일에 열정이 있는지 알지 못한 채 현재 하고 있는 일에 전념하지 못한다. 그래서 즐겁게 하지도 못할뿐더러 진정으로 원하는 삶을 살지도 못한다. 불행하다고 느끼지 않더라도 삶에서 소중한 무엇인가가 빠졌다는 생각이 들 수도 있다. 혹은 사는 게 의미 없고 허무하다는 생각이 들 것이다.

누구에게나 열정은 있다. 단지 드러날 기회를 만나지 못한 것뿐이다. 그렇다면 잠재된 열정을 찾는 여행을 떠나보자.

첫째, 살아오면서 자신도 놀랄 정도로 열정적인 순간이 어떤 일을 할 때였는지 스스로에게 물어라. 어린 시절 좋아했던 일은 무엇이었는가? 커서 어떤 사람이 되고 싶었는가? 시간 가는 줄 모르고 열정적으로 했던 일이 있었는가? 지금 하고 싶은 일은 무엇인가? 스스로에게 이런 질문들을 던져라.

둘째, 가까운 친구나 배우자, 가족 등에게 자신의 장단점이나 재능, 능력 등에 관해 물어라. 가깝게 지내는 사람이 자신도 모르는 자신에 대해 더 잘 알고 있을 수 있다.

셋째, 동호회나 취미 생활을 적극적으로 즐겨라. 좋아하는 일 중에서 열정을 발견하기 쉽다.

넷째, 배우고 싶은 강좌를 수강하라. 대학원에 들어가거나 학원 강좌를 수강해도 좋다. 새로운 경험은 숨어 있는 열정을 자극하는 데 도움이 된다.

다섯째, 사회 생활에 적극적으로 참여하라. 사회 생활을 하면 자신이 어떤 일을 잘하는지, 어떤 성향의 사람인지 좀더 객관적으로 바라볼 수 있게 된다.

여섯째, 여행, 독서 등 자신의 내면을 바라볼 수 있는 시간을 가져라. 여행은 세상을 넓게 바라볼 수 있는 안목을 키워주고, 독서는 새로운 아이디어와 다른 사람의 삶을 엿볼 수 있는 기회를 준다.

사무엘 울만은 말했다. "세월은 피부에 주름살을 만드나 열정을 포기하는 것은 영혼에 주름살을 만든다. 열정이 스위치를 끌어당긴다."

powerful advice

열정에 대한 확신이 서지 않을 때

내가 이 일에 열정적인가를 정확하게 알 수 없을 때는 몇 가지 질문을 던져 보라.

첫째, 이 일을 하려는 생각에 가슴이 설레고 기분이 좋아지는가?

둘째, 이 일을 시간 가는 줄도 모르고 한 적이 있는가?

셋째, 이 일을 하면서 재미있고 에너지가 넘치는가?

넷째, 일을 하고 나서 결과에 대한 자신감이 있는가?

다섯째, 당신이 열정적으로 일한다는 것을 주위 사람들도 눈치 챘는가?

모두 다 '그렇다' 라는 대답이 나올 때 당신은 그 일에 열정이 있는 것이다.

어차피 해야 한다면
즐겁고 열정적으로 하라

강함을 선택할 수 없지만 기쁨을 선택할 수는 있
다. 기쁨을 선택하면 강함은 저절로 함께 흐르게
된다.

－핸실

일을 즐겁게 하는 것은 현실을 잊을 정도로 일에 집중한다는 것이
다. 쓸데없는 잡념을 떨쳐버리고 자신의 일에 최선을 다하는 것이다. 즐
겁게 일하는 사람에게는 불평과 불만이 생길 틈이 없다. 그러므로 어차
피 해야 할 일이라면 즐겁고 열정적으로 하라. 그러한 노력은 '성공'이
라는 결실로 보답할 것이다.

일에서 행복을 느껴라

일을 즐기는 사람이 있다. 그런 사람은 늘 표정이 밝고 일을 할 때는
열정적으로 한다. 일에 열정을 쏟아부을수록 몸에 호르몬 분비가 왕성

해져서 지치지 않고 의욕적으로 할 수 있다. 마음껏 일에 집중한 다음에 긴장을 풀면 휴식이 주는 안락함을 경험하게 된다. 이렇듯 즐겁고 열정적으로 일하면 세상을 보는 시각이 달라진다. "기쁨은 매우 긍정적인 것이다. 이는 안전함을 줄 뿐만 아니라 따뜻한 사랑의 온기를 동반한다."는 후커의 말처럼 말이다.

마이크는 어렸을 때 소아마비에 걸렸다. 두 살 때부터 목발을 짚고 다니다가 열여섯 살 때부터 휠체어에 의지하게 되었다. 비록 소아마비였지만 그는 비관하거나 자기 연민에 빠져 살지 않았다. 헌신적이며 열정적이었기에 어디에 가나 환영을 받았다. 스물한 살이 되던 해 다니던 직장을 그만두고 카운슬러로 일하게 되었다. 이 회사는 1,300명의 직원이 있는 국제직장협회 지부였다. 마이크는 성심을 다해 상담했고, 그해 소네스타비치 호텔에서 개최한 대회에서 카운슬러 상을 받았다. 장애인이었지만 헌신적이고 열정적으로 일했기에 다른 사람들보다 더 뛰어난 성과를 올릴 수 있었던 것이다.

마이크가 열정적으로 일할 수 있었던 것은 무슨 일이 있어도 이루어내겠다는 각오를 가지고 일했기 때문이다. 이처럼 열정적으로 일하는 사람에게는 육체적인 장애가 아무런 걸림돌이 되지 않는다.

카네기는 이렇게 말했다. "행복한 일을 생각하면 행복해진다. 비참한 일을 생각하면 비참해진다. 무서운 일을 생각하면 무서워진다. 병을 생각하면 병이 든다. 실패에 대해 생각하면 반드시 실패한다. 자기 연민에 빠져 헤어나오지 못하면 다른 사람들에게 배척당한다."

강한 확신으로 밀어붙여라

성공하는 사람들을 보면 어떻게 하는 것이 더 좋은지, 지금보다 더 효율적인 방법이 무엇인지 끊임없이 고민한다. 그리고 그 해결 방법을 반드시 생각해내 실천에 옮긴다. 성공한 사람들의 가장 큰 특징 중 하나는 강한 확신이다. '틀림없이 잘될 거야. 나는 할 수 있어!' 라는 확신을 갖고 밀어붙인다. 확신이 있기 때문에 더 열심히 노력할 수 있는 것이다.

이들은 성과가 적다고 해서 절망하지 않는다. 어려움을 만나는 것은 새로운 장애를 만나는 것이고, 이겨낼 수 있는 특별한 열정의 시간을 만들 수 있는 좋은 기회라고 생각하기 때문이다. 이번의 실패가 다음 성공을 위한 발판이라고 생각하는 것이다. 성공할 수 있다는 확신을 갖고 최선을 다해 노력하는 것, 혹시 실패하더라도 다음 성공을 위한 준비라고 생각하고 좌절하지 않는 것, 이것이야말로 성공한 사람들의 마인드다.

성공한 사람들 중에는 어렸을 때 성격이 소심한 사람들이 많다. 그들은 대부분

정신적 훈련을 통해 자신감을 갖게 되었다. 영국의 문호 버나드 쇼는 말 잘하기로 정평이 나 있다. 그는 화술의 비결을 묻는 기자에게 이렇게 말했다. "말하기란 스케이트를 타는 것과 같습니다. 넘어져서 다른 사람들의 웃음거리가 되더라도 겁내지 않고 끊임없이 훈련하고 도전하는 것입니다."

기쁨을 빼앗아가는 것들

열정이 있는 사람을 보면 마음도 밝고 매사에 감사할 줄 안다. 얼굴 표정은 마음의 표정이므로, 마음이 밝으니 얼굴 또한 환하고 편안하다. 몸과 마음이 기쁘니 일에 집중할 수 있고 열정적이 된다.

기쁨이 사라지는 원인은 근심과 스트레스 그리고 두려움이다. 그러나 근심은 언제 일어날지 모르는 일에 대한 쓸데없는 걱정이므로 미리부터 겁먹을 필요가 없다. 스트레스는 근심보다 더 안 좋은 것으로, 정서적으로 불안과 갈등을 일으키고 심해지면 질병까지 유발할 수 있다. 그러나 스트레스를 받지 않으면서 살 수는 없으므로 스트레스에 익숙해지도록 노력해야 한다. 스트레스가 질병으로 넘어가지 않게 하려면 규칙적인 생활과 취미 생활, 대인관계 등으로 스트레스를 적당히 해소할 줄도 알아야 한다. 땀을 흠뻑 흘릴 수 있는 운동이나 친구들과의 가벼운 수다는 스트레스를 풀어주는 데 효과가 있다.

두려움은 어떤 대상에 대한 불안한 감정이다. 두려운 감정에 지배받지 않으려면 두려움의 대상을 잘 알아야 한다. 일에 대한 두려움이라면 그 일에 통달할 수 있는 전문인이 되어야 한다. 인간관계에 대한 두려움이라면 마음을 열고 진심으로 상대하자. 그리고 대인관계나 인간 심리에 대한 책을 읽으면 도움이 된다.

하루하루를 근심과 걱정 속에 사는 사람은 바보 같은 인생을 살아가는 것이다. "걱정은 인생의 적이다."라고 말한 셰익스피어의 말처럼 걱정에 사로잡혀 신나는 일들을 외면하지 말자.

하기 싫은 일을 즐겁게 끝내는 방법

하고 싶은 일만 하면서 살면 좋지만 하기 싫어도 꼭 해야만 하는 경우가 있다. 상사의 명령이나 일의 성과를 위해 하기는 싫지만 꼭 해야 하는 일 등 하기 싫은 일을 즐겁게 해결하는 방법을 알아보자.

1. 어쨌든 내가 하지 않으면 안 될 일이라고 생각하라.
2. 하기 싫은 일을 끝냈을 때의 기쁨을 상상하라.
3. 일을 끝내는 시간을 정하라.
4. 일을 끝낸 뒤 자신에게 상을 주어라.

99퍼센트가 아니라
100퍼센트 최선을 다하라

나는 내가 할 수 있는 한 최선을 다해 실행하고
그러한 상태를 지속하기 위해서 더욱 최선을 다
한다.

－링컨

카루소가 테너 가수로 세계적인 명성을 날리고 있을 때, 어느 자선
음악회에 출연하게 되었다. 음악회 주최 측이 카루소가 출연한 것 자체
도 영광스러워하며 말했다. "이것은 자선 음악회입니다. 선생님이 오신
것 자체가 영광이죠. 선생님 명성 때문에 많은 군중이 모일 것입니다.
선생님께서는 부담 없이 편하게 노래하십시오. 특별한 기법이 없어도
됩니다." 그러자 카루소는 몸을 일으키며 진지하게 말했다. "저는 지금
까지 최선 이하로 노래한 적이 없습니다."

카네기의 사람 다루는 능력

우리는 흔히 '인복이 있다'는 말을 한다. 주위에 좋은 사람들이 많이 모일 때 쓰는 말이다. 그저 능력 있는 사람만이 아닌, 꼭 필요할 때 도움을 줄 수 있는 사람 말이다. 주위에 사람이 많이 모이는 사람을 보면 밝고 긍정적이고 매사에 최선을 다하는 성향이 있다. 최선을 다한다는 것은 그만큼 다른 사람에게 신뢰감을 준다. 최선을 다하는 사람에게는 아무도 부정적으로 말할 수가 없다. 그저 믿고 따를 뿐이다.

철강왕 카네기의 묘비에는 이런 말이 쓰여 있다. "자신보다 뛰어난 사람을 능숙하게 다룰 줄 아는 사람, 여기에 잠들다." 카네기가 얼마나 열정적이고 최선을 다하는 삶을 살았는지 알 수 있는 글이다. 카네기는 유능한 인재를 발견하는 능력이 있었고, 그 인재를 다룰 줄 알았다. 실력과 성공적인 인간관계가 뒷받침하고 있었으니 카네기에게 성공이라는 단어가 그리 요원하지만은 않았을 것이다.

열정이 있는 사람은 언제나 최선을 다한다. 자신의 일에 최선을 다할 뿐만 아니라 주변 사람들에게도 큰 힘이 되어준다. 열정이 있는 사람과 같이 있다는 것 자체만으로도 힘이 된다. 그들은 땀의 의미를 알고 언제 어느 순간에나 열심히 살아간다.

로버트 브라우닝은 최선을 다해 성공한 사람들을 이렇게 정의했다. "위대한 사람은 단번에 그와 같이 높은 곳에 오를 수 있었던 것은 아니다. 다른 사람들이 잠잘 적에 일어나서 일에 몰두했을 것이다. 인생은 자고 쉬는 데 있는 것이 아니라 한 걸음 한 걸음 최선을 다해 걸어가는 데 있다."

황혼이 물드는 시간에 자신을 바라보아도 최선을 다한 삶에 후회가

없고 보람 있다면 그보다 더한 성공이 어디에 있겠는가. 땀을 흘리고 난 후에 먹는 밥 한 그릇, 냉수 한 대접의 맛을 무엇에 비유할까. 삶도 마찬가지다. 매일매일 최선을 다한다면 놀랄 만한 성과가 쌓일 것이다.

'최선'이 재능을 앞선다

증기기관차를 발명한 조지 스티븐슨은 영국 와일램에서 탄광 화부의 아들로 태어났다. 집이 몹시 가난했던 스티븐슨은 학교에 가는 대신 열두 살 때부터 아버지가 다니던 탄광에서 일했다. 열네 살 때 탄광 화부의 조수로 일했고, 열다섯 살 때 비로소 정식 화부가 되었다. 그러나 일하는 중에도 틈틈이 글을 배워 증기기관에 관한 책을 읽으면서 지식을 쌓아갔다. 스물세 살 때 킬링워스 마을의 탄광으로 옮겨 기관사가 되었으며, 서른세 살 때인 1814년에 최초의 증기기관차를 만들었다. 어려운 환경에서도 집념과 열정으로 목표를 향해 최선을 다한 스티븐슨을 오늘날 사람들은 '철도의 아버지'라 부른다.

위대한 발명을 했거나 성공한 사람들을 보면 그들에게 특별한 재능이 있었던 것은 아니었다. 조지 스티븐슨이나 헬렌 켈러와 같이 환경이 좋지 않거나 치명적인 장애가 있는 경우가 많다. 다만 그들은 좌절하지 않고 미련할 정도로 최선을 다했기 때문에 세상에 이름을 남겼다.

에디슨의 경우를 보자. 그는 위대한 발명가지만 심한 건망증 환자였다. 이 때문에 학교 성적은 언제나 꼴찌였다. 학교 교육에 제대로 적응하지 못하자 어머니가 집에서 직접 가르쳤다. 특히 수학과 과학에 흥미를 느끼도록 했는데, 어머니의 사랑과 열의가 담긴 가르침 덕분에 에디슨은 점차 공부에 흥미를 느낄 수 있었다. 이처럼 재능이란 후천적으로도 얼마든지 발전시킬 수 있다.

성공한 사람들의 성공 비결

미국의 유명한 기업가인 폴 마이어가 젊었을 때의 일이다. 대학을 중퇴하고 세일즈맨이 되었는데 늘 장사에 실패했다. 그래서 그는 사업에 성공한 사람들을 일일이 찾아다니며 성공 비결을 알려달라고 부탁했다. 그 결과 성공한 사람들에게는 다음 세 가지 공통점이 있다는 것을 발견했다.

첫째, 성공한 사람들은 모두 열심히 최선을 다한다. 비록 적성에 맞지 않는 직책이나 일을 하게 되더라도 묵묵히 최선을 다해서 완수한다.

둘째, 목표 의식이 강하고 뚜렷하다. 불타는 꿈과 목표를 가진 사람은 놀라운 힘을 발휘하게 되어 목표를 이루게 된다.

셋째, 성격이 밝고 따뜻하며 누구에게나 친절해 주위에 좋은 사람들이 많다.

내 안에 있는
도전 의지를 끌어내라

> 위험에 부딪혔을 때 절대로 도망치지 마라. 그러
> 면 오히려 위험은 배로 늘어나게 된다. 그러나 결
> 연하게 맞선다면 위험은 반으로 줄어든다."
>
> —윈스턴 처칠

이 세상의 성공 역사는 도전하는 사람들이 만들어간다. 도전 정신이 없었다면 세계적인 명작이나 예술 작품, 발명품 등이 세상에 등장하지 않았을 것이다. 도전은 새로운 변화를 만들고 '기적' 이라는 이름으로 세상을 밝힌다.

가끔은 스스로에게 실망하거나 좌절하는 일이 있을지도 모른다. 고생스럽게 일하는 대신 안락함에 몸을 맡기고 싶을 때도 있을 것이다. 그럴 때는 한 번만 더 내 자신에게 소리치자. "나는 할 수 있어! 조금만 더 노력하면 성공할 수 있는데 지금 포기하는 건 말도 안 돼!"라고 말이다.

도전은 나를 반짝반짝 빛나는 보석으로 바꾼다

하고 싶은 일이 있다면 어떤 순간에도 용기를 잃지 말자. 도저히 불가능하다는 다른 사람의 말에도 귀 기울이지 말자. 도전 의지만 잃지 않는다면 어떤 어려움이 가로막아도 반드시 목표에 도달할 수 있다. 그런데 아주 단순한 일일지라도 지레 겁을 먹고 할 수 없다고 마음을 먹어버리면 두더지가 쌓아올린 흙더미에 지나지 않는 작은 일도 태산처럼 커보인다.

한 농부가 있었다. 농부의 밭 가운데는 커다란 바위가 하나 있었다. 농부는 커다란 바위를 피해서 그 주위의 밭을 갈았다. 쟁기질을 잘 못해 쟁기가 바위에 부딪쳐 망가진 일도 두 번이나 있었다. 바위를 볼 때마다 농부는 바위 때문에 얼마나 피해가 큰지 모른다며 투덜거렸다.

하루는 농부의 어린 아들이 밭에서 아장아장 걷다가 바위에 부딪쳐 상처가 생겼다. 그래서 농부는 바위를 캐내기로 결심했다. 몇 년 동안 골칫덩이였던 바위를 없애기로 한 것이다. 커다란 쇠 지렛대를 한쪽 밑에 밀어넣었을 때 뜻밖에도 바위는 쉽게 들렸다. 바위가 아주 얕게 박혀 있었던 것이다. 겉으로 보이는 바위가 크다고 해서 땅 속 깊이 박혀 있을 거라고 지레 겁을 먹은 농부의 경우처럼 한번 해보지도 않는다면 현실은 전혀 나아지지 않는다.

해보지도 않고 '할 수 없어' 라는 단어를 자주 사용하는 사람들은 성공의 짜릿한 경험을 한 번도 하지 못한 사람들이다. 성공을 향해 도전하겠다는 확고한 의지가 있을 때 지금까지와는 다른 세계가 펼쳐진다. 도전하는 사람들은 마음속에서 끓어오르는 열정의 온도를 알기에 뒤를 돌아보지 않고 앞으로 나아간다. 열정이 있는 사람은 기대감이 있어서 항

상 설레는 마음으로 도전한다.

존 민튼 포그는 도전적인 삶을 보석에 비유했다. "인생은 험난한 노정이다. 도전은 그대를 괴롭혀 먼지 속에 사라지도록 하는 것이 아니라 반짝반짝 윤을 내 찬란한 보석이 되게 하는 것이다."

자신이 가야 할 길을 분명하게 정했다면 한계를 뛰어넘고 흐트러지지 않도록 중심을 잡아야 한다. 그러려면 헌신적으로 노력하고 끈질긴 인내심과 피나는 노력을 해야 한다. 성공을 향한 도전이 얼마나 멋지고 해볼 만한 일이라는 것을 알면, 모든 도전은 즐거움과 기쁨이 되기에 더 많은 열정을 쏟게 된다.

용기를 내어 한 번만 더 도전하라

메이저 리그 야구 선수로 성공적인 활동을 했던 밥 왓슨이 말했다. "나는 경기마다 안타 두 개가 목표였다. 그 정도면 괜찮은 목표라고 생각했다. 적어도 안타 하나는 치겠다는 자세였으니까. 그런데 첫 타석과 두 번째 타석에서 안타를 치고 나면 오늘 목표는 완수했다는 생각이 들어서 긴장이 풀려버렸다. 그래서 세 번째 타석부터는 경기에 집중하지 않았다. 얼마 후 나는 내 생각이 얼마나 어리석었는가를 깨닫게 되었다. 동료인 토미는 첫 타석에서 안타를 치면 '오늘 목표는 안타 세 개.' 두 번째 타석에서도 안타를 치면 '오늘 목표는 안타 네 개.' 하는 식으로 숫자를 늘려갔다. 그의 도전 의지는 끝이 없었다."

삶은 도전이다. 성공이라는 산이 우리에게 "어서 도전해봐!"라고 말하며 손짓하고 있다. 삶을 의미 있고 가치 있게 살아가려면 도전 의지를 일깨워라.

윌리엄 제임스가 말했다. "용사의 기분을 맛보고 싶으면 있는 기력을 다해 용사답게 행동하라. 그러면 용기가 넘쳐나 두려운 감정은 가만히 있을 수 없는 기분으로 대치될 것이다." 정신과 열정을 제대로 쏟을 때 자신도 놀랄 정도로 경이로운 힘을 발휘한다.

열정적인 삶은 도전이 있는 삶을 말한다. 용기를 내어 한 번만 더 도전하는 것이다. 도전하면 할수록 사람은 강하고 담대하게 변한다. 열심히 운동하면 건강하고 탄탄한 몸이 만들어지는 것처럼, 끊임없는 도전은 정신을 건강하고 강하게 만들어준다.

powerful advice

누군가가 할 수 있다면 나도 할 수 있다!

도전은 즐거움이다. 달성해야 하는 목표가 있기 때문이다. 차근차근 순서를 밟듯이 도전의 강도도 조금씩 높여가면, 상상도 못할 성과를 이루게 되어 자신의 능력에 스스로도 놀라게 될 것이다. 누군가가 할 수 있다면 나도 할 수 있다. 최후의 승자가 되기 위해서는 승리를 위한 준비를 치밀하게 하고 열정적으로 끊임없이 도전 의지를 불태워라.

노력하라! 피나는 노력을 하라!

> 최고의 자리에 오른 사람은 모든 열정과 에너지
> 와 노력을 쏟아 자신의 일을 해낸 사람들이다.
> —해리 트루먼

너무 쉽게 절망에 빠지지 말자. 절망은 한순간이다. 절망에서 빠져
나오기로 결심했다면 노력, 피나는 노력만이 문제를 해결할 수 있다. 열
심히 노력하는 사람은 당해낼 재간이 없다. 열심히 노력하는 사람 앞에
서는 어떤 고통이나 두려움도 힘을 못 쓴다. 오직 성공을 향해 박차를
가하는 촉진제만 될 뿐이다.

노력만이 문제를 해결할 수 있다

피아니스트가 꿈인 소년이 있었다. 그런데 소년의 손가락이 피아노
를 치기에는 너무 굵고 짧다는 음악 교사 말에 소년은 실망하고 말았다.

실망한 소년은 코넷을 배웠으나 코넷 역시 소년에게 맞지 않는다는 말을 들었다. 소년은 다시 피아노를 시작했지만 마음속에는 항상 '내 손가락은 피아노를 치기에는 너무 굵고 짧아.'라는 생각이 자리 잡고 있었다. 그때 마침 피아니스트 루빈스타인이 보는 자리에서 피아노를 연주할 기회가 주어졌다. 소년의 연주가 끝나자 루빈스타인은 소년에게 칭찬과 격려를 아끼지 않았다. 소년은 너무 기뻐서 굳게 결심했다. '앞으로 매일 7시간씩 연습할 거야. 내 손가락이 굵고 짧은 만큼 다른 사람보다 더 열심히 노력해야겠어.' 소년은 결심대로 하루 7시간씩 피나는 연습을 했고 위대한 피아니스트가 됐다. 그가 바로 리스트 이후로 그를 따를 만한 사람이 없다는 찬사를 받은, 세계 최고의 피아니스트 파데레프스키다.

성공한 사람들은 성공하기까지 피와 땀과 눈물을 다 쏟는다. 그들이 이루어놓은 성공이 값지고 빛나는 이유도 그 때문이다. 인생을 살다보면 순풍을 만나 순조롭게 흘러가기도 하지만 폭풍우를 만나고 태풍을 만날 때도 있다. 성공한 사람들은 이 폭풍우와 태풍에 맞서 열심히 싸웠다. 노력과 열정이라는 무기로 맞서 싸워 값진 성공을 만들어낸 것이다.

다른 사람과 똑같으면 성공할 수 없다

자신의 일에 열중하고 있는 사람은 누가 봐도 멋지다. 이들은 뚜렷한 목표가 있기에 남들이 자고 쉬는 동안에도 열심히 노력한다. 열심히 하면 할수록 일에 재미가 붙고 자부심도 생긴다. 페트 노드버그의 경우를 살펴보자.

페트 노드버그는 장시간 수술 끝에 겨우 생명을 건졌지만 실어증에 걸리고 근육에도 문제가 생겨 활동도 자유롭지 못했다. 실어증으로 인해 말도 할 수 없었고, 과거의 기억도 잊어버렸다. 페트는 직장에 나가고 싶었지만 그녀를 받아주는 곳이 없자 정신박약아들을 도와주기로 결심했다. 이 일을 하는 동안 페트는 목표가 생겼다. 정신박약아를 위해 상담하고 치유하는 것이었다. 우선 페트는 1단계 목표로 운전면허를 따기로 결심했다. 그녀는 2년 동안 하와이 훌라 춤을 배우고 연습하면서 운전면허증을 따는 데 성공했다. 2단계 목표는 대학을 졸업해 상담자 면허증을 따는 것이었다. 그녀는 피나는 노력 끝에 2단계 목표도 이루었다. 목표를 향한 불붙는 열의가 실어증과 신체 부자유를 극복하고 정신박약아들의 부모와 상담할 수 있는 일을 할 수 있게 만든 것이다.

성공의 4단계 인내, 헌신, 훈련, 기도

땀과 눈물과 피를 흘려가면서 쟁취한 성공만이 의미가 있다. 노동의 기쁨을 알아야 한다. 열심히 일하는 기쁨 속에서 성공에 대한 집념과 근성을 배우게 된다.

제시 오웬스라는 소년이 있었다. 어느 날 찰리 패독이라는 유명한 육상 선수가 학교를 방문해서 강연을 하고 있었다. 강연 도중에 찰리는 제시를 향해 물었다. "너는 어떤 사람이 되고 싶니?" 제시가 대답했다. "아저씨처럼 유명한 육상 선수가 되고 싶어요!" 그러자 패독은 제시에게 이런 말을 해주었다.

"꿈을 가지는 것만으로는 이룰 수가 없단다. 꿈을 이루기 위해서는 반드시 사다리를 놓아야 한단다. 첫 번째 계단은 인내고, 두 번째 계단은 헌신이고, 세 번째 계단은 훈련이고, 네 번째 계단은 기도란다. 이것들을 모두 지킬 때 네 꿈은 이루어질 것이다."

이 말을 들은 제시 오웬스는 어떤 어려움이 있어도 육상 선수가 되기를 포기하지 않았다. 피나는 노력으로 올림픽에서 네 개의 금메달을 목에 건 살아 있는 가장 빠른 사람이 되었다.

powerful advice

노력에 박차를 가하기 위한 지침

목표를 이루기 위해 노력하려고 마음먹지만 마음과는 다르게 놀고 싶고, 쉬고 싶고, 자고 싶은 유혹을 받는다. 마음을 단단히 먹고 좀더 노력하기 위한 몇 가지 지침을 소개한다.

1. 늘 자신이 잘한 일을 생각하라. 부정적인 생각은 열등감만 쌓이게 한다. 자신이 잘한 일들만 생각해, 할 수 있다는 자신감으로 무장하라.

2. 성공한 사람들의 자서전을 읽어라. 절망에 부딪혔을 때 힘과 용기를 줄 것이다.

3. 감사하며 생활하라. 감사의 마음으로 생활하면 감사할 일이 더 많아진다.

4. 단기간에 목적을 달성하는 데 주력하라. 목표 기간이 짧으면 모든 에너지를 집중할 수가 있다.

5. 성공하기 위해 날마다 무엇인가를 하라. 열정이 없는 사람은 게으르고 의욕이 없다. 목표를 향해 하루하루 계획을 세우고 실천하라.

열정적으로 가진 것을 모두 걸어라

뚜렷한 목표를 세우고 성공적인 인생을 살아가는
데 '열정'은 희망적인 미래를 약속한다.
―피터 허시

   열정은 전염성이 강해 주위 사람들까지 열정적으로 만든다. 한 사람
이 열정적이면 팀원은 모두 열정이 넘쳐 일의 능률이 오르지만, 어느 한
사람이 불평 불만만 쏟아낸다면 의욕이 떨어질 뿐만 아니라 일의 능률
도 오르지 않는다.

   열정을 쏟으면 삶에 기쁨이 넘치고, 없던 힘도 생기고, 잠재되어 있
던 능력도 깨어난다. 자연스럽게 주변 사람들도 관심을 갖게 되고, 사람
을 끌어당기는 힘을 만들어 성공하는 계기를 만들어준다. 소극적인 사
람이 열정과 만나면 적극적으로 변하고, 가난한 사람은 가난을 이겨낼
수 있는 힘을 얻게 된다.

일이 잘 풀리지 않으면 현재를 열심히 살아라

미국 뉴욕의 어느 사무실에서 베드포드가 사환으로 일하고 있었다. 그는 할일을 마쳐도 자신이 또 할 수 있는 일이 없는지 찾아가며 일했다. 출납계원이 바쁘게 계산을 하고 있으면 도와주었고 잔심부름도 자진해서 했다. 그의 열성에 감동한 회계사는 베드포드에게 회계 업무에 대해 가르쳐주었다. 그후 1년이 지나자 베드포드는 출납 대리를 맡아볼 수 있을 정도가 되었다. 회계사가 다른 회사로 옮겨가게 되었을 때 회계사는 그 자리에 베드포드를 추천했다. 베드포드는 훗날 뉴저지 석유회사의 사장이 되었다.

열정만 있으면 언제든지 새로운 변화를 시도할 수 있다. 열정이 있는 삶은 힘과 활기가 넘치기 때문이다. 하지만 자기가 가진 모든 것을 걸지 않으면 성공할 수 없다. 열정은 쏟으면 쏟을수록, 성취했을 때 기쁨과 만족감은 더욱 커지게 된다.

만약 지금 당신의 생활이 재미없다면 자신의 삶을 점검해볼 필요가 있다. 꿈과 목표가 있는지, 그리고 이루려는 열정이 있는지 말이다. 후회하지 않는 삶을 살아가는 데는 성실, 용기, 도전 등 많은 것들이 필요하지만, 꿈과 목표, 열정만 있으면 최소한 재미없고 무의미한 삶을 살 걱정은 하지 않아도 된다. 무력감은 의지 박약과 무책임한 태도에서 시작되기 때문이다.

만약 원하는 방향대로 일이 잘 풀리지 않는다면 현재를 열심히 살아라. 내일을 기대하면서 현재를 최선을 다해 살면 나아갈 방향을 알 수 있게 된다. 그리고 목표가 정해졌다면 쓸데없는 걱정은 던져버리자. 때로는 휘청거릴지라도 반드시 다시 일어나게 될 것이다.

나이는 걸림돌이 되지 않는다

이스라엘의 유명한 학자 중에 아키바라는 사람이 있다. 아키바는 학자가 되기 전까지 어느 부잣집 하인이었다. 그는 주인집 딸과 사랑에 빠졌는데, 그만 주인에게 발각되어 딸과 함께 쫓겨나고 말았다. 아키바와 주인집 딸이 함께 살면서 부부의 연을 맺은 지도 꽤 세월이 흘렀다. 부인은 아키바에게 지금부터라도 공부를 시작하라고 말했지만 아키바는 그 말을 무시했다. 그의 나이가 벌써 마흔 살이 넘었기 때문이다.

그러던 어느 날 아키바는 양을 치러 나갔다가 목이 말라 바위 틈에 흐르는 물을 마셨다. 그런데 바위에 구멍 하나가 패여 있는 것이 아닌가. 자세히 보니, 위에서 떨어지는 작은 물방울이 바위에 구멍을 낸 것이었다. 이 모습을 보자 아키바도 깨달은 바가 있었다. '그래, 나도 지금부터라도 꾸준히 공부하면 무엇이든 이룰 수 있을 거야.' 이때부터 아키바는 밤낮을 가리지 않고 열심히 공부해 유명한 학자가 되었다. 나이에 상관없이 열정을 쏟아내어 학자가 된 그의 의지와 열정이 놀랍기만 하다.

나이가 많다고 형편이 어렵다고 자신이 없다고 포기하거나 의욕 없이 그저 그렇게 세월만 보내고 있는 것은 아닌가? 일단 시작만 한다면 생각보다 그리 어려운 일은 아니다. 나이가 많다면 그만큼 다른 사람보다 더 노력하면 되고, 형편이 어렵다면 형편이 되는 것부터 차근차근 시작하면 되고, 자신이 없다면 마음 한번 굳게 먹으면 될 일이다. 좋지 않은 상황을 극복하고 꿈을 이룬다면 성공은 더 값지고 빛날 것이다.

열정적으로 일처리를 잘할 수 있는 지혜

직장 생활을 할 때도 열정은 더욱 빛을 발한다. 하기 싫은 일을 억지로 하는 사람과 의욕적으로 열정을 담아 일하는 사람은 차이가 나게 돼 있다. 당장에는 비슷해 보일지도 모르지만 10년이 지났을 때 두 사람의 위치는 확연하게 다를 것이다. 조직에서 열정의 힘을 보여줘라. 당신으로 인해 조직 내 열정 바이러스가 퍼져 나갈 것이다.

1. 일을 사랑하되 문제 의식, 필요 의식, 원가 의식을 가지고 면밀하게 추진하라.
2. 항상 앞장서서 실천하고 행동하라.
3. 머리를 충분하게 활용하고, 스스로 나서서 일하라.
4. 시계를 보지 말고 일하고, 기대 이상의 일을 하라.
5. 모든 일을 신중하고 사려 깊게 처리하라.
6. 지시를 받는 방법이 능숙한 사람, 보고를 잘하는 사람이 돼라.
7. 일의 우선 순위를 정리하고 검토와 분석을 예리하게 하라.
8. 예의를 지키고 베풀 줄 아는 사람이 돼라.
9. 젊고 열정적으로 살아라.

열심히 일했으면
자신에게 보상을 하라

건물을 지을 때 영원히 지속될 수 있는 건물을
짓는다고 생각하라. 현재의 영광을 위해, 현재만
사용할 수 있는 건물을 짓는다고 생각하지 마라.
미래의 누군가가 그 건물을 보며 우리에게 감사
할 수 있는, 그런 유산이 되도록 하라.

– 존 러스킨

휴식은 얽매여 있던 긴장감에서 벗어나게 해 힘을 재충전시켜주고
새로운 아이디어를 샘솟게 만든다. 휴식을 제대로 즐겨야 일의 능률도
오르는 법이다. 그리고 몸과 마음을 맑고 깨끗하게 할 수 있다. 그래서
성공한 사람들은 휴식을 제대로 즐길 줄 아는 사람들이라고 할 수 있다.
휴식도 하나의 일이며 기술이다. 그런데 휴식의 가치를 알고 있는 사람
은 많지만, 완전히 휴식할 줄 아는 사람은 그리 많지 않다.

휴식은 에너지 충전기다

휴식 없이 일만 한다고 상상해보라. 몸에 무리가 갈 뿐만 아니라 쉽

게 지치고 활기를 잃게 될 것이다. 그러므로 일에 열정을 쏟기 위해서는 반드시 휴식이 필요하다. 만약 가정과 몸을 돌보지 않은 채 오로지 일만 해 성공을 이루었다면 이것은 진정한 성공이 아니다. 일과 휴식 사이의 균형, 다양한 취미와 일의 조화, 일과 가정 사이에서 적절한 타협과 양보가 필요하다.

특히 휴식은 일을 더 열심히 하기 위해 반드시 필요하다. 일할 때는 에너지를 소비하고, 휴식을 통해 소비된 에너지를 회복해야 한다. 만약 우리 몸이 필요로 하는 휴식을 취하지 않으면 하루가 끝나기도 전에 피로로 고통받게 된다. 휴식을 제대로 취한 사람은 열심히 일을 하고 난 후에도 힘이 남아 있다. 그러나 휴식을 제대로 취할 줄 아는 사람은 많지 않다. 제대로 된 휴식을 취하려면 몇 가지 원칙을 지켜야 한다.

첫째, 마음을 괴롭히는 모든 걱정과 근심을 털어낸다.

둘째, 몸과 마음을 편안한 상태로 유지한다.

셋째, 너무 조이지 않는 옷을 입어 몸에 자극을 주지 않는다.

넷째, 휴식에 집중한다.

휴식을 잘 취해야 하는 이유에는 여러 가지가 있지만, 가장 중요한 것은 휴식을 잘 취하면 기분이 상쾌해져 일을 더욱 열심히 하고 싶어지기 때문이다. 또 기분이 상쾌해지는 얼굴에는 웃음이 끊이지 않는다. 그 웃음을 보는 사람도 기분이 좋아지고 힘이 솟는다. 휴식을 제대로 취하지 않으면 육체적으로도 소화불량, 두통, 불면증 등에 시달리게 된다. 열심히 일하는 것도 중요하지만 그런 만큼 몸과 마음에 보상을 해주어야 한다.

휴식도 일이다

이른 아침부터 젊은 남자와 나이 든 남자가 나무 베는 일을 하고 있었다. 젊은 남자는 쉬지 않고 일했지만, 나이 든 남자는 50분 일하고 10분을 쉬어가면서 일했다. 오후가 되어서 두 사람은 베어낸 나무를 서로 비교했다. 젊은 남자는 놀라지 않을 수 없었다. 당연히 자기가 더 많이 베었을 것이라고 생각했는데 결과는 그렇지 않았기 때문이다. 나이 든 남자가 나무를 더 많이 베었던 것이다. 젊은이는 영문을 몰라 이유를 물었다. 나이 든 남자가 대답했다. "이보게 젊은이, 휴식도 일이라네. 에너지도 충전하고 무뎌진 톱날도 갈고 말이지."

사람은 기계가 아니기 때문에 쉬지 않고 일할 수 없다. 일하다가 능률이 오르지 않고 힘들 때는 여행을 떠나기도 하고 취미 생활을 하기도 해야 한다. 긴 시간이 주어지지 않을 때는 음악을 들으며 차 한잔 마시는 것도 도움이 된다. 이때는 휴식에 집중한다. 잡념을 모두 떨쳐버리고 몸과 마음을 편안하게 해야 한다.

아프리카 산양이 주는 지혜

아프리카에 스프링 북이라는 산양이 살고 있다. 이 산양은 평소에는 대여섯 마리가 무리를 이루어 생활한다. 그러다 어느 시기가 되면 갑자기 많은 산양들이 한 곳으로 모여들기 시작해 수천 마리가 집단을 이룬다. 수천 마리의 산양 무리는 풀을 뜯어먹으면서 천천히 행렬을 이룬다. 시간이 흐르면 앞서가는 양들이 대부분의 풀을 먹어치우므로 뒤따르는 산양들은 풀을 조금이라도 더 차지하기 위해 앞으로 다투어 나오게 된다. 이들 행렬은 조금씩 더 빠르게 달릴 수밖에 없어진다. 결국에는 산양들이 모두 전속력으로 맹렬히 앞으로 달려간다. 처음에는 이들에게도 목적지가 있었을 것이다. 그러나 이쯤 되면 처음의 목적지는 잊어버린 채 그저 앞으로만 달려간다. 먼지를 날리며 필사적으로 달리는 산양떼는 사막을 건너 바닷가에 도착하지만 행렬은 멈추지 않는다. 어떤 신호도 귀담아들을 여유를 완전히 상실한 것이다. 수많은 산양들의 시체가 바닷가 파도에 밀려 이리저리 밀려갔다가 밀려오기만 할 뿐이다.

사람도 마찬가지다. 일에 치이다 보면 처음의 목표나 결심은 잊어버린 채 일처리하는 데만 급급하게 된다. 그렇게 일하는 것도 한계가 있다. 결국에는 일에 질려 대충 대충 하게 되거나 그만두게 된다.

자신을 한번 되돌아볼 줄 아는 여유, 제대로 달리고 있는지 목표를 점검해볼 수 있는 여유야말로 일을 더욱 생산적이고 능률적으로 할 수 있는 지혜가 아닐까.

생산적인 휴식을 취하는 법

일할 때는 확실하게 일하고 쉴 때는 확실하게 쉬어야 한다. 그러나 확실하게 쉬어야 한다고 해서 주말에 내리 잠만 자면 생활 리듬이 깨져 회복하는 데 상당한 시간을 허비해야 한다. 조화롭게 휴식을 취할 수 있는 방법을 살펴보자.

1. 휴식을 취할 때는 일에 대한 생각은 툭툭 털어버린다.

2. 한 시간 반 정도 일하고 15분 간 휴식을 취한다.

3. 휴식은 한꺼번에 몰아서 쉬는 것보다 조금씩 자주 쉬는 것이 좋다.

4. 주말에는 잠만 자지 말고 휴식과 활동을 적당하게 병행한다.

자부심이 있으면
일이 힘들지 않다

태산 같은 자부심을 가지고 누운 풀처럼 자기를
낮추어라. 우리가 홀로 외로이 있을 때는 당당한
자부심 따위는 그림자도 없이 사라진다.
— 볼테르

　　지금 하고 있는 일이 작고 보잘것없다고 느껴질 때가 있다. 경제적
여건 때문에 하기 싫은 일을 억지로 해야 하거나, 들어가고 싶은 회사에
합격하지 못하고 결국 마음에 들지 않는 회사에 취직할 경우 더욱 그런
생각이 들 것이다. 그렇다고 인상 찌푸리고 일을 할 것인가? 그렇다면
당신은 누구에게도 환영받지 못할 것이고, 일에 대한 의욕은 더욱 떨어
질 것이다. 당장 그만둘 처지가 아니라면 마음을 바꿔 즐거운 마음으로
일하자. 그리고 미래를 위해 차근차근 계획을 세우고 준비하자. 현재의
경험이 목표를 이루는 데 기반이 될 것이다.

자부심은 힘이고 자신감이다

18세기 영국의 건축가 크리스토퍼 렌이 세인트폴 대성당을 재건할 때의 일이다. 여러 해 동안 공사를 하고 있던 어느 날 렌은 평상복 차림으로 공사 현장에 나갔다. 그러고는 채석장에서 돌을 다듬고 있는 한 사람에게 물었다. "지금 무슨 일을 하고 있습니까?" 돌을 다듬던 남자는 렌의 얼굴은 쳐다보지도 않은 채 퉁명스럽게 대답했다. "보면 모르겠소? 돌을 다듬고 있소이다." 렌은 옆에 있는 다른 사람에게 똑같이 물었다. "다 입에 풀칠하려고 하는 일이오. 벌써 몇 해째 돌만 다듬고 있소이다." 세 번째 사람에게도 똑같은 질문을 했다. 그러자 세 번째 남자가 말했다. "저는 하나님의 집을 짓고 있습니다. 이 거룩한 일에 동참할 수 있다는 것이 너무 감격스러워서 즐거운 마음으로 돌을 다듬고 있습니다."

세 남자 중에서 누가 가장 행복할까? 똑같은 일을 하더라도 한 사람은 마지못해 일하고, 한 사람은 자부심을 갖고 즐겁게 일한다면 두 사람 사이에 일의 능률이나 성과가 얼마나 큰 차이가 날지는 짐작할 수 있다. 행복은 자부심에서 온다고 말해도 억지가 아니다. 자부심은 확실한 힘이고 자신감이다. 일에 대한 자부심이 있으면 비록 큰 성공을 이루지 못하더라도 최소한 나 자신은 행복하다.

자부심은 결국 생각 차이다

영국의 대문호 셰익스피어가 런던에 있는 한 레스토랑에서 식사를 하고 있었다. 많은 사람들이 셰익스피어를 보려고 모여들었다. 그때 청년 하나가 들고 있던 빗자루를 내동댕이치고는 한숨을 내쉬었다. 셰익스피어가 이유를 묻자 청년이 대답했다. "같은 남자로 태어나서 선생님은 사람들의 존경을 받고 있는데 저는 사람들의 발자국이나 쓸고 있으니 한심해서 그럽니다." 셰익스피어가 말했다. "자네와 나는 똑같은 일을 하고 있다네. 나는 펜으로 하나님께서 만든 우주 일부분을 아름다운 말로 청소할 뿐이고, 자네는 빗자루로 하나님께서 만든 우주 일부분을 청소하고 있는 것이네. 결국 우리는 모두 세상을 아름답게 하고 있는 셈이지."

이 말을 들은 청년은 즐거운 마음으로 일할 수 있었다. 일에 자부심을 갖는 것은 결국 생각 차이다.

직원들의 자부심을 자극하라

조직 내에서 자부심을 높이는 일은 아주 중요하다. 대부분의 기업들은 직원들의 능률을 올리기 위해서 연

나는 지구를
청소하는 청소부

봉을 인상한다든가 직원들 복지에 포커스를 맞추는데, 그보다 먼저 기업에 대한 자부심을 키우는 일이 중요하다고 생각한다. 자부심이 높은 직원은 자신을 소중하게 생각하며, 자기가 하는 일이 중요한 일이라고 생각한다. 그런 만큼 행복지수도 높다. 자신에 대한 만족도가 높으므로 자연히 타인에게 친절하고 존중한다.

자부심이 없는 사람은 삶의 에너지가 없다. 일에 대한 열정이 없고 자신감이 없으므로 실패에 대한 두려움이 크다. 그래서 시도나 도전조차 하지 않는다. 그런 조직에서 창의적인 발상이나 활력 있는 팀워크가 이루어질 리 없다.

직원들에게 동기를 부여하고 조직에 대한 자부심을 불어넣는 것, 이것이야말로 조직 내에서 가장 먼저 해결해야 할 문제라고 할 수 있다.

자부심을 높이는 방법

어디서든 어떤 상황에서든 당당하게 자부심을 갖는 방법은, 성공을 원하는 사람이라면 당연히 갖추어야 할 덕목이다. 자부심을 높이는 방법을 알아보자.

1. 자신에게 당당한 사람이 돼라.
2. 목표를 세우고 부단히 노력하라.
3. 외모든 지식이든 나 자신을 가꿔라.
4. 삶의 모델을 찾고 그 사람처럼 생각하고 행동하라.

성공의 성패는
인내에 달려 있다

성공은 하루아침에 이루어지지 않는다는 것은 누구나 안다. 결론은 하나, 맡겨진 일에 최선을 다하면서 기다리는 수밖에 없다. 씨앗이 뿌리를 내리고, 나무가 되어 열매를 맺을 때까지 기다려야 하는 것처럼 말이다. 참고 인내하면 그 열매는 달고 굵을 것이다.

백만장자는 인내심이 강하다

미국 템플 대학교를 설립한 러셀 콘웰 박사는 제1차 세계대전이 끝날 무렵 미국에서 백만장자라고 불릴 만큼 돈을 많이 모은 사람들 4,043명을 조사했다. 조사 결과 놀라운 것은, 백만장자들 가운데 고졸 이상의 학력을 지닌 사람은 69명밖에 없다는 사실이었다. 그들이 백만장자가 되기까지 돈과 교육, 정규훈련 등에 있어서 남들보다 부족한 생활을 했다는 결론을 내리게 되었다. 백만장자들은 확실히 평범한 사람들과 다른 삶을 살았다. 뚜렷한 목표가 있었고, 목표를 이루기 위해서 부단히 노력했고 인내했다.

인생에는 수많은 실패와 절망이 있다. 모두에게 주어지는 실패와 절망이지만 인내하고 도전한 사람만이 성공이라는 열매를 맺는다.

영화배우 브래드 피트는 미주리 대학을 다녔는데, 졸업을 2주일 남겨놓고 학교를 떠났다. 연기를 하고 싶은 열망이 너무나도 강했기 때문이다. 로스앤젤레스에 도착한 피트는 안 해본 일이 없을 정도로 많은 직업을 전전했다. 더운 여름날 패스트푸드점 앞에서 닭 캐릭터 복장을 입고 서 있기도 했고, 샌드위치맨이 되어 식당 홍보도 했다. 개인 운전도 마다하지 않았다. 연기학원비를 마련해야 했기 때문이다. 갖은 고생 끝에 드라마에 단역으로 출연했고 〈텔마와 루이스〉, 〈흐르는 강물처럼〉 등을 거치면서 인기를 얻기 시작했다. 그러다 〈가을의 전설〉로 최고의 인기 영화배우로 자리를 잡았다.

피트는 영화배우의 꿈을 이루기 위해서라면 어떤 직업도 상관하지 않았다. 아무리 힘든 일을 해도 인내할 줄 알았다. 성공하려면 목표를 분명하게 정하고, 그것이 이루어지기를 기다려야 한다. 너무 성급해서도 안 되고 너무 초초해서도 안 된다. 그러나 아무런 대책 없이 막연하게 기다리고 있으면 성공할 수 없다. 분명하고 확실한 소망을 가지고 어렵고 힘든 일도 인내할 줄 알아야 한다. 인내는 마음의 작용이다. 노력한다면 얼마든지 단련시킬 수 있다.

고통은 지나가버리지만 아름다움은 영원하다

프랑스의 화가 르누아르는 말년에 류머티스로 몹시 괴로워했다. 붓 끝을 한번 움직일 때마다 고통스러워하는 그의 얼굴에는 땀방울이 맺혔고, 어떤 때는 일어설 수조차 없어서 꼼짝 못하고 오랫동안 의자에 앉아 그림을 그렸다. 이러한 고통이 그를 괴롭혔지만 르누아르는 미술사에 영원히 남을 만한 아름다운 걸작품을 그려냈다. 그가 고통을 참으며 그림을 그리는 모습을 보고 안타깝게 여긴 친구가 물었다. "자네는 왜 그렇게 자신을 괴롭히는 일을 계속하는 것인가?" 르누아르는 땀을 뻘뻘 흘리며 대답했다. "고통은 지나가버리지만 아름다움은 영원하기 때문일세."

이처럼 삶을 소중하게 여기는 사람들은 고통도 감내해 자신의 삶을 걸작품으로 만들어놓는다.

프랑스의 위대한 인물 중에 '알베르트'라는 이름이 두 명 있다. 한 사람은 카뮈로, 노벨 문학상을 수상했다. 다른 한 사람은 슈바이처 박사로, 가봉에 건너가 원시림 속에 병원을 세우고 흑인들의 친구가 되어 노벨 평화상을 수상했다. 슈바이처는 아프리카 흑인들을 위해 철학, 의학, 신학, 음악, 이 네 부문의 박사 학위를 던져버렸다. 수많은 사람들이 미쳤다고 손가락질했지만 그의 결심을 돌리지 못했다.

두 사람은 자신의 가치를 유감없이 발휘했다는 것과 이름이 같다는 공통점이 있지만, 두 사람이 세상에 남긴 것에는 차이가 있다. 한 사람은 문학가이고 다른 사람은 의사라는 점도 다르지만, 카뮈는 노벨 문학상 상금으로 파리 근교에 좋은 별장을 마련해서 여생을 편안하게 살다가 교통사고로 생명을 잃었다. 슈바이처는 노벨 평화상 상금으로 아프리카 밀림 지대에 나병 환자를 위한 병원과 수용소를 세워 일생을 봉사하며 살았다. 두 사람 모두 세상을 떠나고 없지만 그들이 남겨놓은 별장과 병원은 남아 있다. 별장은 쓸쓸한 채로, 병원은 슈바이처의 행적과 사랑의 실천을 사람들에게 잔잔한 감동으로 전해주고 있다.

어떻게 살아갈 것인가? 카뮈처럼 쓸쓸한 별장을 남길 것인가, 슈바이처처럼 병든 사람을 치료하는 병원을 남길 것인가는 선택의 문제다. 그렇지만 슈바이처에 비해 카뮈의 일생이 쓸쓸하게 느껴지는 이유는 무엇일까?

powerful Advice

인내력을 키우는 8가지 방법

더 많이 인내하고 노력하기 위해서는 연습이 필요하다. 연습에 따라 얼마든지 성과가 다르게 나타난다. 다음 8가지 방법으로 인내력을 키워보자.

1. 목표가 분명해야 한다. 무엇을 원하고 있는지 확실하게 알아야 한다. 이것이 야말로 인내심을 기르는 데 가장 중요한 열쇠다. 강력한 동기가 있어야 역경 을 극복할 수 있는 힘을 얻는다.

2. 소망을 가져야 한다. 마음속에서 소망의 불이 활활 타오르면 자연적으로 인 내심을 발휘하게 된다.

3. 자신감을 갖는다. 자신의 가치와 능력을 믿어야 한다. 자신감과 용기는 인내 를 가능하게 해준다.

4. 치밀한 계획을 세운다. 계획이 조직적이고 체계적일 때 기다릴 수 있는 인내 심이 생긴다.

5. 정확한 지식이 있어야 한다. 올바른 지식을 쌓지 않고 단순한 억측이나 짐작 만으로 판단하는 것은 인내를 파괴할 수 있다.

6. 협력한다. 상대에게 인정과 이해가 바탕이 된 협력을 얻으면 인내심을 강화 할 수 있다.

7. 의지를 키운다. 명확한 목표를 향해 마음을 집중시키고, 목표에 가까워지기 위해 노력하는 것은 인내심의 양분이 된다.

8. 좋은 습관을 만든다. 인내가 몸에 배면 세상 어떤 일도 두렵지 않다.

책을 인생의 동반자로,
서재를 지상의 낙원으로 생각하라

우리는 우리가 읽은 것으로 만들어진다.
－마틴 발저

서양 속담에 "All leaders are readers(성공한 사람들은 모두 독서가)."라는 말이 있다. 책을 많이 읽는다고 모두 성공하는 것은 아니지만, 성공한 사람들을 보면 모두 책을 열심히 읽는다는 공통점이 있다. 사람은 세상의 지식을 모두 직접 배울 수 없기에 독서를 통해서 간접적으로 지식을 쌓고 지혜를 배우는 것이다.

독서는 취미가 아니라 필수다

성공은 독서에서 시작된다고 해도 과언이 아니다. 독서는 지식을 깊게 하고 새로운 정보를 알려주며 성숙한 자아를 만든다. 독서를 통해 통찰력, 사고력, 문장력, 창의력 등 인간의 다양한 능력을 계발하고 아이디어를 얻으며 세상을 살아가는 법을 배우게 된다. 마음이 심란할 때는 명상서를 읽으면 평화를 얻을 수 있고, 의미 없는 삶을 살고 있다는 생각이 들면 성공한 사람들의 성공서를 읽으면 세상과 힘껏 맞설 수 있는 에너지가 생긴다. 또 생활에 활력이 2퍼센트 부족하다 싶으면 취미나 여행 관련서를 읽으면 된다. 그뿐인가, 건강서, 재테크 서적 등 살아가는 데 피가 되고 살이 되는 정보들이 모두 책 속에 있다.

책을 통해 교양을 쌓는 것은 물론, 새로운 지식을 얻기도 하고, 삶에 대한 새로운 깨달음을 얻기도 하며, 사물의 존재를 새롭게 인식하기도 한다.

책을 많이 읽는 사람들 중에 성공한 CEO도 빼놓을 수 없다. 급변하는 기업환경과 치열한 생존 경쟁에서 살아가려면 독서는 취미가 아니라 필수가 돼야 하기 때문이다. '이랜드'나 '안철수연구소'에서는 독서를 인사 정책에 반영하고 있으며, 삼성 이건희 회장은 한 달에 20권을 읽는 것으로 유명하다.

문제는 시간이다

책을 읽고 싶지만 눈을 뜨고 있는 시간에 해야 할 것이 너무 많아 어렵다는 사람들이 많다. 그러나 시간 없다고 밥을 굶는 사람은 없지 않은가. 책을 읽는 것도 밥을 먹는 것처럼 생각하면 된다. 마음이 건강해지기 위해서는 책이라는 영양분을 주어야 하는 것이다. 시간이 없다면 잠자는 시간을 줄여서라도 책을 읽어보자. 잠은 하루의 피로를 풀어주지

독
서

만 독서는 내면에 쌓인 찌꺼기를 없애
준다.

새로운 사실을 알고 싶거나 정보를
원하면 웹서핑을 하면 된다. 요즘의 화
두나 이슈, 사건, 인물 검색 등 인터넷
을 통해 어마어마한 양의 정보를 얻을
수 있다. 그러나 인터넷을 통해 정보를
취할 수 있을지는 몰라도 깊이 있는 지
식이나 행간 사이의 의미 등은 파악할
수 없다. 독서는 책의 내용을 그대로
받아들이는 것이 아니라, 독자와 저자
가 부단히 대화를 나누면서 자기에게
필요한 요소를 적절하게 흡수하고, 새
로운 것을 창출해내는 것이다. 따라서

단지 읽기만 하는 독서가 아니라, 어떻게 받아들이고 깨달아야 하는지 생각하는 독서를 해야 한다.

의욕적인 행동은
성공과의 거리를 좁혀준다

영웅이란 보통 사람보다 더 용기가 많은 사람이
아니라 다른 사람보다 5분 더 용기를 지속할 수
있는 힘이 있는 사람이다.

– 에머슨

　　매사에 의욕적인 사람들이 있다. 그들은 다른 사람들보다 먼저 움직
이고 스스로 행동한다. 이들은 항상 활력이 넘쳐난다. 옆에 있으면 괜히
기분이 좋아진다. 성공은 꼭 성취하겠다는 의욕에서 출발하므로, 의욕
이 넘치는 사람들은 성공의 출발점에 서 있는 셈이다. 의욕적으로 일할
때 성과는 높아지고 다른 사람들의 시선을 사로잡게 될 것이다.

의욕적인 사람은 위기를 새로운 도약의 기회로 만든다

　　프랭크 밴더 마틴은 오하이오 주 수 카운티에서 제일가는 바이올리
니스트였다. 열여덟 살 어느 날 아버지 대장간에서 사고가 났다. 빨갛게

달궈진 쇠가 마틴 손에 떨어져 바이올린을 잡던 손가락이 잘려나간 것이다. 마틴의 왼손에는 엄지손가락만 남게 되었다. 그래도 마틴은 하늘을 원망하거나 좌절에 빠져 있지만은 않았다. 엄지손가락뿐인 왼손으로 바이올린을 잡고 피나는 연습을 했다. 그리하여 오하이오 주 수 카운티 교향악단의 바이올리니스트가 되었다. 여섯 개의 손가락으로 바이올린을 연주하는 마틴은 누구보다도 열심히 연주했으며, 수 카운티 교향악단의 제일가는 바이올리니스트다. 마틴은 자신을 위로하는 사람에게 항상 당당하게 말했다. "내가 장애인이라고 생각하지 않는 한 나는 결코 장애인이 아니다."

이처럼 인생을 아름답고 성공적으로 사는 사람들이 고난 없이 평탄한 삶을 살았던 것은 아니다. 남들보다 더 많은 위기와 어려움이 있었지만, 결코 포기하지 않고 새로운 도약의 기회라고 생각했다.

열정이 있고 의욕이 넘치는 사람들은 주저하지 않는다. 벽을 만나면 무너뜨리거나 뛰어넘는다. 산이 있으면 정복하고, 강이 있으면 다리를 놓아 건넌다. 그들은 불가능한 일이 존재하는 것이 아니라, 불가능하다는 생각이 존재한다고 믿는다.

의욕적인 행동의 원천은 확신과 자신감이다

구소련 스탈린 시대에 보리스 콘펠드라는 젊은 의사가 시베리아 강제 수용소로 끌려갔다. 실의에 빠져 있던 그에게 힘을 준 것은 수용소에서 만난 신실한 그리스도인이었다. 그 사람에게 영향을 받아 콘펠드는 예수를 영접했다. 콘펠드는 다짐했다. 이 놀라운 하나님의 사랑을 가르

처준 그리스도인처럼 이웃을 사랑하며 살겠다는 것과 자신에게 기쁨을
준 복음을 전하며 살겠다는 것이었다.

그때 죄수 하나가 암수술을 받아야 하는데 수용소에서는 아무도 돌
보아주지 않았다. 안타깝게 여긴 콘펠드가 그를 수술해주었다. 그것은
분명 불법이었다. 결국 콘펠드는 사형을 언도받았다. 집행일 전날 콘펠
드는 수술했던 젊은이 곁에 앉아 하나님의 사랑과 예수 그리스도의 구
원에 대해 밤늦게까지 진지하게 이야기를 나누었다. 그리고 다음날 형
장의 이슬로 사라졌다. 처형당하기 직전 콘펠드는 자신의 선택을 후회
하지 않느냐는 질문을 받고 이렇게 대답했다. "그리스도 안에서는 결코
후회가 없습니다." 콘펠드에게 수술받아 생명을 구한 젊은이는 바로 노
벨 문학상을 받은 알렉산드르 솔제니친이다.

콘펠드는 수술하는 것이 불법인 줄은 알았지만, 확신이 있었기 때문
에 행동으로 옮겼다. 생명을 존중해야 한다는 확신과 자신감이 죽음도

두려워하지 않는 힘을 준 것이다.

콘펠드에게 확신과 자신감을 준 것은 신앙이었지만, 어떤 사람에게는 흔들리지 않는 목표가 확신과 자신감의 원인이 되기도 하고, 경제적인 이유나 신념 등이 원인이 되기도 한다. 이유야 어찌 됐든, 확신과 자신감으로 무장하는 사람은 삶을 열정적으로 살 수 있는 든든한 에너지가 있는 것이다.

자신 있고 당당하게 살아가는 법

얼굴이 예쁘거나 잘생기지 않아도 자신 있고 당당한 모습은 그 누구보다 멋있어 보인다. 언제 어디서나 자신감 넘치고 당당해지는 법, 세상을 살아가는 든든한 무기가 될 수 있다.

1. 나는 매력적인 사람이라고 생각하라.
2. 단점보다 장점을 찾아내고 활용할 수 있도록 노력하라.
3. 상대방이 불편하지 않게 편안하게 대하라.
4. 언제나 밝은 얼굴, 밝은 미소로 대하라.
5. 상대방을 귀하게 대하면 나 또한 귀하게 대접받는다.
6. 대화에서 피를 얻고 독서에서 살을 얻어라.
7. 자신과 일에 확신과 긍지를 갖고 행동하라.
8. 끊임없이 배우고 노력하라.
9. 많이 듣고 보고 생각한 다음 말하라.
10. 잠은 행복하고 편안하게, 음식은 맛있게 먹어라.

성공한 사람들은
시간 관리를 잘한다

시간을 지배할 줄 아는 사람이 인생을 지배할 수
있다.

―에센바흐

나폴레옹은 중요한 일은 바쁜 사람에게 맡겼다. 바쁜 사람일수록 시간을 효율적으로 사용하는 방법을 연구하고, 정해진 시간 안에 일을 완수한다는 사실을 알고 있었던 것이다. 그런데 바쁘다는 것과 시간에 쫓기는 것은 엄연한 차이가 있다. 시간 관리를 못하는 사람은 시간에 쫓기며 살고 불안감에 시달린다. 그러므로 어떻게 하면 짧은 시간에 많은 일을 효율적으로 할 것인가는 한번 생각해볼 문제다. 시간을 관리하는 데도 전략이 필요하다.

성공을 위한 시테크 전략

세상에는 부자와 가난한 사람이 있고, 하나를 가르쳐주면 열을 아는 똑똑한 사람과 하나를 가르쳐주면 그 마저도 까먹는 사람도 있다. 이처럼 세상은 불공평한데 시간만은 누구에게나 공평하게 24시간씩 주어진다. 남는다고 누구에게 선물할 수도 없고, 부족하다고 해서 돈을 주고 살 수도 없다. 시간 관리를 잘하는 게 성공적인 인생을 살아가는 유일한 방법은 아니겠지만, 시간을 돈에 비유할 만큼 중요한 자산임에는 틀림없다.

성공하는 사람들을 보면 시간 활용을 잘한다. 흔히들 이를 '시테크'라 하는데, 시테크를 잘하는 사람들은 몇 가지 공통적인 특징을 보인다.

첫째, 약속 시간에 늦지 않는다.

둘째, 일을 미루지 않고 바로 처리한다.

셋째, 일에 시간 분배를 적절하게 잘한다.

넷째, 빨리 끝낼 수 있는 일부터 처리한다.

다섯째, 일을 중단한 상태로 남겨두지 않는다.

성공한 CEO나 역사적으로 위대한 업적을 이루어놓은 위인들은 시간 관리를 잘했다. 철저한 목표와 시간 관리가 성공의 중요한 요소로 작용했다. 영국의 왕 알프레는 신하들보다 많은 일을 하면서도 틈틈이 공부했다. 플랭클린은 일에 열중하면서도 시간을 내어 철학에 몰두하는 한편 과학 공부도 열심히 했다. 프리드리히 대왕은 철학에 매료되어 전쟁 중에도 틈나는 대로 지적 욕구를 충족시켰다. 나폴레옹은 나라를 정복한 후 바쁜 나날을 보내면서도 독서와 글쓰는 시간을 가졌다. 시저는 지적 수양을 쌓기 위해 많은 시간을 할애했다.

자투리 시간이 모여 위대한 작품을 만든다

대학교수이자 강연자인 존 어스킨은 열네 살 때 삶에 있어서 가장 귀중한 교훈을 배웠다고 한다. 매일 1시간씩 피아노 연습을 하겠다는 소년 어스킨에게 피아노 선생이 주었던 교훈이다.

"존, 피아노 연습을 위해서 하루에 1시간을 일부러 만들려고 하지 마라. 네가 어른이 될수록 하루에 1시간씩 연습하는 것은 훨씬 더 어려워질 거야. 차라리 시간을 낼 수 있을 때마다 단 몇 분이라도 연습하렴. 학교 가기 전에 5분, 점심식사를 한 다음에 10분, 잠자리에 들기 전에 15분을 연습해봐. 휴식시간이나 자투리 시간을 이용해 피아노 연습을 하면 음악은 너의 일부가 될 거란다. 알겠니?"

이후 어스킨은 책을 집필하는 데 이 원리를 이용했다. 그의 저서 《트로이 출신 헬렌의 사생활》이라는 책은 학교에서 집까지 가는 전차 안에서 씌어졌다.

주어진 시간을 어떻게 이용하고 있는가? 자투리 시간을 어떻게 활용하고 있는가? 혹시 불평하거나 남을 흉보는 데 이 소중한 시간을 사용하는 것은 아닌가? 짧은 시간이라도 지혜롭게 사용하면 몇 십 배의 가치를 창출해낼 수 있다. 시간이 없다고 안달하기 전에 낭비하고 있는 시간은 없는지 자신의 일상을 한번 되돌아보자. 우리는 시간을 마음대로 조종하는 조종사다.

시간 관리를 잘하면 남들보다 더 값진 하루를 살 수 있다. 시테크에 능숙한 사람의 지혜를 빌려보자.

첫째, 할일을 빠짐없이 종이에 적어라.

둘째, 종이에 적은 일들을 분류하라.

셋째, 분류한 일에 우선순위를 정하라.

넷째, 우선순위에 따라 시간을 예측해 정하라.

다섯째, 우선순위에 따라 주간 계획표를 작성하라.

여섯째, 주간 계획표를 작성한 다음 일일 계획표를 만들어라.

일곱째, 다음날 활동 시간표를 작성하라.

여덟째, 활동 시간표에 따라 하루 일과를 철저하게 진행하라.

powerful advice

아이젠하워 대통령의 시간 관리법

아이젠하워 대통령은 시간 관리를 잘한 것으로도 유명했는데 아침에 일어나면 20분 안에 모든 준비를 마쳤다. 다른 사람보다 10분 내지 15분을 단축한 것이다. 그의 시간 관리법을 알아보자.

1. 무슨 일이든지 미루지 않고 지금 바로 한다.
2. 작은 시간을 소중하게 여긴다.
3. 능률이 오르는 시간을 파악하고 그 시간에 가장 중요한 일을 한다.
4. 한번 시작한 일은 가능하면 끝낸다.
5. 정리 정돈을 잘해서 자주 사용하는 것은 언제든지 손이 닿는 곳에 둔다.
6. 다음날 입을 옷은 전날 밤에 미리 정해둔다.

돈을 지배하는 사람이 돼라

가난이 죄가 아니고 돈은 있다가도 없고 없다가도 있다는 말에 수긍은 하지만, 돈은 어떤 식으로든 우리 삶에 중요한 부분을 차지한다. 하지만 돈이 어느 정도 있어야 하는지는 인생관에 따라 다르다. 어떤 사람은 10억 원은 있어야 노후까지 편안하게 살 수 있다고 하고, 어떤 사람은 20억 원은 있어야 품위 유지도 하면서 살 수 있다고 말한다. 천만 원으로도 행복하다고 생각하는 사람이 있는 반면, 100억 원이 있어도 불행한 삶도 있다. 분명한 것은 돈을 욕심과 욕망의 무기로 삼으면 절대 행복할 수 없다는 점이다. 욕심에 눈이 어두워지면 마음의 평화, 편안함, 따뜻한 가족 등 소중한 것들이 보이지 않기 때문이다.

돈을 행복과 나눔의 도구로 사용할 때 진정한 기쁨을 누릴 수가 있다. 그러므로 물질에 갇혀 벽을 만들기보다는 물질을 통해 감동과 감격을 나눌 수 있는 지혜가 필요하다. 돈에 휘둘리기보다는 돈을 지배하는 사람이 되자.

돈 쓰는 모습을 보면 성격을 알 수 있다

돈을 어떻게 사용하는가를 보면 그 사람의 인격을 알 수 있다. 저축, 지출, 금전 거래, 유산 관리에는 그 사람의 삶의 모습이 들어 있다.

미국 뉴욕대 심리학 연구팀에 따르면, 돈을 대하는 습관과 성격은 밀접한 관계가 있다고 한다. 어떤 관계가 있는지 살펴보자.

1. 정리정돈형 : 지갑에 큰 돈부터 작은 돈까지 차례대로 정리하고 다니는 사람은 능률을 중요하게 생각한다. 성격이 매우 차분하고 집중력도 뛰어나다.

2. 산지사방형 : 돈을 주머니 여기저기에 넣고 다니면서 돈 관리에 소홀한 사람은 창의적인 사람이다. 사소한 일에는 신경 쓰지 않고 고도의 능력이 필요한 일에 마음을 빼앗기곤 한다. 이런 유형의 사람들은 지능이 높다.

3. 돈자랑형 : 지갑을 꺼내 보이며 돈이 있다고 뽐내는 사람들은 멋쟁이고 화려한 성격의 소유자다.

4. 짤랑짤랑형 : 항상 주머니 속에서 동전이 짤랑거리는 사람은 낙천적인 사람이다. 무슨 일이든지 가볍게 생각하고 누구와도 즐겁게 지낸다.

5. 꼬깃꼬깃형 : 돈을 작게 접어 주머니나 지갑 등에 넣어가지고 다

니기를 좋아하는 사람들은 예술적 감각이 뛰어나다. 게임이나 농담, 퍼즐 등을 즐기고 유머 감각이 풍부하다.

6. 돼지저금통형 : 저금통에 동전을 저금하는 사람은 부드럽고 신사적이다. 성인이 되어서도 동심을 잃지 않으려고 노력하는 순수함이 있다. 친구로서 더없이 좋다.

현명하게 돈을 모으는 지혜

돈을 벌기는 어려운데 쓰기는 너무 쉽다. 특히나 요즘은 신용카드 남용으로 명품을 사고 갚지 못해 빚독촉에 시달리기도 하고, 빚 때문에 범죄를 저지르는 일도 흔하다. 신용카드도 빚이다. 빚이 지나치면 돈의 노예가 된다. 돈 때문에 하기 싫은 일도 해야 하고, 자존심 상해가면서 다른 사람에게 아쉬운 소리도 해야 한다.

부자들을 보면 작은 돈도 소중하게 생각한다. 작은 돈이라도 꼭 필요한 곳에만 쓴다. 돈은 버는 게 중요한 것이 아니라 얼마를 모으느냐가 중요하다. 돈이 인생의 전부는 아니지만 중요한 부분을 차지하므로, 돈을 현명하게 모으는 지혜를 정리해보았다.

돈이 없으니까 의욕도 안 나고 인생이 스산하다.

첫째, 돈을 사랑하라. 돈도 사랑하는 사람에게 따른다.

둘째, 작은 돈을 무시하지 마라. 작은 돈이 쌓여서 큰 돈이 된다.

셋째, 투기와 도박으로 큰 돈 벌 생각은 하지 마라. 한눈 팔면 돈은 도망간다.

넷째, 수입과 지출을 정확하게 기록하라. 그리고 예산에 맞게 돈을 써라.

다섯째, 무조건 아낀다고 모이는 것이 아니다. 때로는 기회가 왔을 때 과감하게 쓸 줄도 알아야 한다.

여섯째, 무리하지 말고 힘을 키워라. 힘과 돈은 비례하니 힘이 넘칠 때 돈이 넘친다.

일곱째, 남의 이익에 먼저 신경을 써라. 분배되지 않은 이익은 결코 오래가지 못한다.

여덟째, 돈이 나가는 구멍이 있으면 빨리 막고, 적당한 지출이라면 과감히 써라.

아홉째, 돈이 들어오면 내일 찾는다고 해도 즉시 저축하라.

돈은 행복과는 관계가 없다

《뉴욕타임스》에서 돈과 행복의 함수관계에 대해 연구했다. 돈이 많은 사람들을 중심으로 광범위하게 조사했는데, 일반적으로 생각하고 있는 '돈＝재미＝행복'의 공식이 성립되지 않는다는 것이 증명되었다. 부자들의 생활습관을 살펴보자.

첫째, 부자가 되면 의욕이 약해지고 삶에 지루함을 느낀다.

둘째, 열정이 사라진다.

셋째, 땀을 흘리지 않고 수단과 방법을 모두 동원해 번 돈일수록 죄

책감과 열등감을 느낀다.

넷째, 감정이 메마른 사람이 된다.

돈은 정당하게 땀 흘려 벌어야 행복해진다. 돈으로 궁전 같은 집을 지을 수는 있지만, 그 안에 사랑과 행복을 채우지는 못한다.

존 록펠러가 고백했다. "나는 천만 달러를 모았으나 그것이 나에게 행복을 가져다주지는 않았다." 헨리 포드도 돈과 행복에 대해 말했다. "돈은 행복과는 아무런 관계가 없다. 내가 가장 행복했던 시절은 젊어서 자동차 정비공으로 일할 때였다."

석유왕 존 록펠러 이야기

석유왕 존 록펠러가 워싱턴의 월라드 호텔에 묵었을 때다. 그는 욕실이 없는 제
일 싼 방을 달라고 주문했다. 그러자 호텔 직원이 물었다. "록펠러 씨, 당신 아
드님은 여기 묵을 때 제일 좋은 방에서 묵는데 당신은 왜 제일 싼 방을 달라고
하십니까?" 록펠러가 대답했다. "내 아들은 돈 많은 아버지가 있지만 나는 그런
행운을 타고나지 못했네."

열정적으로 살아가는 사람은 활기차고 에너지가 샘솟는다. 얼굴에서는 웃음이 끊이지 않고 초라한 옷을 입어도 왠지 모를 빛이 흐른다. 열정은 새로운 일에 도전 의식을 불어넣고, 무뚝뚝한 얼굴에 웃음을 피운다. 또한 젊은이에게는 창의적인 아이디어를 샘솟게 하며, 나이 많은 노인에게는 새로운 일을 시작할 수 있는 힘을 불어넣는다. 열정이 있기에 사람은 더욱 행복해질 수 있다.

CHAPTER 03

열정적으로 살면
몸과 마음이 행복해진다

긍정적이고 적극적으로 살면
세상이 즐겁다

그 어떤 위대한 일도 열정 없이 이루어진 것은
없다.
－에머슨

자기 연민에 빠져 세상을 삐딱하게 바라보는 것만큼 소모적이고 쓸데없는 감정도 없다. 열등감이나 우울한 감정 역시 자의식이 지나치게 강하거나 불안과 절망에서 오는 것이다. 마음먹기에 따라서 인생 자체가 바뀔 수 있다. 지금부터 '우울', '불안', '두려움', '좌절', '절망' 이란 단어를 떨쳐버리고 가슴속에 '열정', '활기', '자신감', '용기', '긍정' 이라는 단어로 꽉 채워보자.

성공과 실패를 좌우하는 긍정의 힘

매사에 긍정적이면 사고의 틀이 넓어지고 세상을 바라보는 안목이 생긴다. '할 수 있다'는 자신감이 있어 새로운 분야에 도전하는 것도 두렵지 않다. 표정 또한 밝고 즐겁게 일해 주위 사람들까지 힘과 용기가 생긴다.

그러나 항상 긍정적인 마음을 갖기란 쉽지 않다. 어느 순간 의기소침해지고 세상살이에 자신 없어질 때가 있다. 우울 모드로 전환되면서 의욕이 사라지고 짜증이 난다. 그럴 때는 마음속 깊은 곳에서부터 긍정의 힘을 끄집어내야 한다.

우선 빈 종이에 자신의 장점을 생각나는 대로 모두 적어보자. 아주 사소한 것까지도 말이다. 흰 종이가 장점들로 가득 채워질 때쯤이면 우울한 감정이 조금씩 사라지고 세상을 긍정적으로 바라볼 수 있는 힘이 생긴다. 긍정적인 마음은 따뜻한 온기를 만든다. 그래서 따뜻한 마음을 가진 사람들 중에 긍정적인 사람이 많다.

긍정적인 사고방식은 성공과 실패를 좌우하는 중요한 열쇠다. '다 잘될 거야'라고 생각하면 자기 암시 효과가 있어 일이 잘 풀리게 될 것 같은 생각이 들고, 이런 감정은 실제로 행동에 영향을 미쳐 일이 잘 풀리도록 행동을 유도한다.

실패를 거듭하더라도 결과가 성공이라면 그때까지의 실패는 아름다운 추억이 된다. 그러므로 실패를 두려워하지 말고 당신의 열정을 모두 쏟아내어 성공을 향해 도전해보자. 그러려면 자신감을 갖고, 무슨 일이든지 정정당당하게 부딪쳐서 해결해야 한다. 걱정하고 고민하던 일도 막상 부딪쳐보면 별것 아닌 경우가 많다. 걱정의 40퍼센트는 절대 현실에서 일어나지 않고, 30퍼센트는 이미 일어나서 어쩔 수 없는 것이고, 22퍼센트는 사소한 고민이고, 4퍼센트는 우리 힘으로는 어쩔

도리가 없는 일에 대한 것이고, 오직 4퍼센트만 우리가 바꿔놓을 수 있다는 사실을 기억하자.

희망을 닦는 구두닦이

영국 런던의 한 거리에서 구두를 닦는 소년이 있었다. 빚 때문에 아버지가 감옥에 갇히자 소년은 조금이라도 집에 보탬이 되려고 구두를 닦기 시작했다. 이른 아침부터 저녁 늦게까지 구두를 닦으면서도 소년의 표정은 항상 밝았고 콧노래까지 부르면서 일했다.

하루는 구두를 소년에게 맡긴 어떤 신사가 물었다. "너는 구두 닦는 일이 그렇게 즐겁니?" 소년이 대답했다. "저는 구두만 닦는 게 아니에요. 제 희망을 닦고 있답니다." 이 소년이 바로 세계적인 명작 《올리버 트위스트》를 쓴 작가 찰스 디킨스다.

"일이 즐거우면 인생은 낙원이지만, 일이 의무에 불과하면 인생은 지옥이다."라고 한 막심 고리키의 말처럼 하고 싶은 일을 적극적으로 하면 인생은 순식간에 달라진다. 일에 대한 성과가 다르기 때문이다.

많은 사람들이 자신의 능력을 의심하면서 소극적으로 살아간다. 겨우 5퍼센트의 사람만이 적극적이고 긍정적인 사고방식으로 성공을 만들어낸다. 긍정적으로 사고하면 성격이 밝아지고 다른 사람에게도 부드럽고 친절하게 대하게 된다. 지금까지 몰랐던 자연의 아름다움까지 깨닫게 된다. 뿐만 아니라 자신의 잠재 능력을 믿으며 다른 사람을 이해할 수 있게 된다. 따라서 긍정적이고 열정적으로 세상을 살면 삶에 대한 재미가 늘어난다. 또한 하는 일마다 잘되니 기쁨은 더욱 커질 것이다.

두려움을 극복하는 방법

큰일을 겪고 난 뒤에는 세상 어떤 일도 두려워하지 않게 된다. 그것은 바로 자
신감이 있기 때문이다. 겪고 나면 아무것도 아닌데 겪기 전에는 이런저런 두려
움으로 밤잠을 설치기도 한다. 그럴 때는 다음 방법으로 두려움을 떨쳐버리자.

첫째, 두려움의 원인을 파악하라.

둘째, 두려웠던 일을 과감하게 단행하라.

셋째, 치밀한 계획 속에 자신감을 쌓아라.

넷째, 마음속에서 패배의 기억이 아니라 성공의 기억을 꺼내라.

다섯째, 실패는 배움의 기회다. 자신 있게 살아라.

삶의 재미를 알고 싶다면
끊임없이 도전하라

> 모든 것을 실현시키는 열쇠는 목표 설정이다. 내
> 성공의 75퍼센트는 목표 설정에서 비롯되었다.
> 목표를 명확하게 설정하면 그 목표는 신비한 힘
> 을 발휘한다. 그리고 시한을 정해놓고 매진하는
> 사람에게는 목표가 오히려 빨리 다가온다.
> ─폴 마이어

도전이란 성취하고자 하는 목표를 향해 나아가는 용기다. 확신과 열정으로 돌진하는 것이다. 더 넓은 세상으로 나가기가 두려워 현실에 안주하면 아무것도 이룰 수 없다. 미지에 대한 두려움은 훌훌 털어버리고 힘과 용기를 내서 변화를 시도하자. 시간은 지금 이 순간에도 빠르게 흘러가고 있다.

도전 정신이 낳은 대통령 지미 카터

선거는 무에서 유를 이끄는 가장 극적인 일이다. 특히 미국 카터 대통령의 선거는 도전 정신의 승리를 극적으로 보여주었다. 카터가 미국 대통령에 출마했을 때 사람들에게 공공연한 웃음거리가 되고 조롱을 받았다. 그의 고향 애틀랜타의 신문들은 그의 헛된 환상을 놀려댔다. 심지어는 그의 어머니까지도 카터가 대통령에 출마하겠다고 말했을 때 어처구니없다는 듯이 웃으면서 "오! 맙소사! 대통령이라구!"라고 대꾸했다. 그러나 그 어떤 것도 카터에게는 문제가 되지 않았다. 오직 마음속의 소리만이 중요했다.

선거 1년 전 카터의 이름을 들어본 적이 있는 사람은 미국 전체 유권자 중 2퍼센트도 채 되지 않았다. 여론 조사를 해서 상위권에 드는 열한 명을 뽑았는데, 카터는 미미한 존재여서 그 중에도 끼지 못했다. 그가 아이와 드모아 번화가 호텔에서 유세를 시작하고 환영연을 베풀었을 때는 오직 두 사람만 참석했다. 그러나 그는 실망하지 않고 10개월 간 승리를 위해 피나는 노력을 했다. 그리고 당당히 미국 대통령이 되었다.

카터는 퇴임 이후에도 21년 간 세계 평화와 인권을 위해 노력한 공로가 인정되어 노벨 평화상을 받았다. 끊임없는 도전 정신이 미국 대통령을 만들었고, 사랑의 집짓기 운동을 펼치게 했다. 대통령직에 있었던 사람으로서 결코 쉽지 않은 노동일, 세계 평화를 위한 국제적인 노력 등은 나이와 상관없이 내딛는 발걸음이다. 그는 지금도 조용하고 성실하게 세계 평화와 복지를 위해 노력하고 있다.

도전을 행동으로 옮기기 전에는 모든 것이 두렵고 걱정스럽지만, 일단 감행하면 누구에게나 적응할 수 있는 능력이 생긴다. 편안하지만 발전 없는 현실에 안주할 것인가, 아니면 힘들지만 새로운 목표를 향해 날개를 힘껏 펼칠 것인가?

죽기 전에 꼭 하고 싶은 107가지

유명한 미식 축구 코치의 이야기다. 그는 죽기 전에 꼭 해보고 싶은 일들을 적은 목록을 만들었다. 목록에는 백악관에서 베푸는 만찬에 참석하는 것부터 스카이다이빙을 배우는 것까지 모두 107가지나 되었다. 그는 목록에 기록한 것들을 행동으로 옮겨 하나씩 차근차근 이루어냈다. 그 결과 네 자녀는 모두 원하는 대학에 진학하고, 백악관 만찬에 참석하는 등 91가지 목표를 이루었다. 나머지 16가지는 세상을 떠나기 전까지 이루기 위해 꾸준히 노력하고 있다.

이 이야기는 많은 것을 깨닫게 해준다. 만약 죽기 전에 해보고 싶은 목록을 만들지 않았다면 그는 그저 평범한 삶을 살았을 것이다. 목록을 만들고 실천하면

그 도전 정신 나도 좀 가르쳐 줘.

노년기

장년기

청년기

유년기

인 생

서 그의 인생은 재미와 스릴, 기쁨으로 넘쳐났다. 멋진 도전이 그의 인생을 바꾸어놓았다.

도전이 있기에 인생은 한층 더 아름답고 멋지다. 화가가 아름다운 수채화를 그릴 때 호수를 그리고, 주위에 나무를 그리고, 파란 하늘을 그리는 것처럼 인생에서 여러 가지 재미있는 요소를 첨가하는 것, 그것이 바로 도전 정신이다. 끝없는 도전 정신으로 현실을 박차고 일어서야 한다. 목표를 향해 나가다 보면 위기에 처하기도 하고 좌절하기도 하지만, 우리 안에는 어떤 위험이나 좌절도 극복할 수 있는 놀라운 잠재력이 숨어 있다.

powerful advice

용기란 무엇인가?

흔히 말하기를 용기란 두려움이 없는 상태라고 한다. 하지만 두려움이 없는 것은 용기가 아니다. 두려움이 없다는 것은 뇌가 손상되었을 때 느끼는 것일 뿐, 뇌가 손상되지 않았다면 두려움은 누구나 느끼는 감정이다.

용기란 두려움을 알면서도 도전하는 능력이다. 꿈을 실현하기 위해 자신감을 갖고 결연하게 원하는 것을 향해 첫걸음을 내딛는 것이다. 성공한 사람들은 다 가온 기회를 먼발치에서 구경만 하는 법이 없다. 기회를 기다리다가 달려들어 "세상아, 내가 여기 있다! 나를 써라!"라고 외치며 성공을 움켜쥔 열정적인 사람들이다.

불안과 두려움을 버리고
넉넉한 여유로 채워라

위대한 인물에게는 목적이 있고
평범한 사람들에게는 소망이 있을 뿐이다.

- 워싱턴 어빙

성격이 조급하고 안달하는 사람들이 있다. 그들은 소극적이어서 일을 벌이기도 전에 두려움을 안고 불안에 떤다. 어떤 때는 도전해보지도 않고 '그건 안 되는 일'이라며 지레 겁을 먹기도 한다. 반면 성공한 사람들은 마음에 여유가 있다. 어떤 일이든 잘 수용하고 받아들인다. 그들 마음의 크기는 큰 그릇과 같아서 많은 것을 담고도 여유가 있다.

마음이 불안하고 초조한 이유

뉴욕 중앙 철도회사 사장이었던 프리데릭 윌리엄슨은 성공 비결이 무엇이냐는 질문에 다음과 같이 대답했다.

"첫째는 일을 사랑하는 것이고, 둘째는 열심히 하는 것이고, 셋째는 일을 사랑하는 것도 열심히 하는 것도 한결같아야 하는 겁니다. 평범한 진리처럼 보이지만 지키기란 쉽지 않죠. 가령, 실력이 비슷한 두 사람이 있다고 합시다. 처음에는 실력이 비슷할지 몰라도 시간이 지난 다음에는 일을 사랑하고 열심히 한 사람과 그렇지 않은 사람은 실력 차이가 엄청나게 클 것입니다. 그렇다면 열심히 일한 사람에게 성공 가능성이 클 수밖에 없는 거죠. 아무리 힘들고 어려운 일이라 하더라도 일에 열중한 사람은 초조해하지 않고 여유가 있습니다. 일에 대한 자신감이 있는 거죠. 열심히 다 하지 않은 사람만이 일의 결과를 놓고 초조해합니다."

일할 때 복잡한 생각이 정신을 지배하는 이유는 마음이 불안하기 때문이다. 마음이 불안한 이유는 일에 대한 자신감이 없기 때문이다. 일에 열중하지 못했거나 최선을 다하지 않았을 때 자신감이 없고 마음이 불안하다. 열정적으로 일한 사람은 복잡하게 생각하지 않는다. 최선을 다해 노력하고 묵묵히 결과를 기다린다. 남보다 열심히 일하고 즐기면서 살아가기에 마음은 늘 풍요롭고 여유가 있다.

성취감을 맛보지 못한 사람은 늘 조급하고 초조하다. 중요하지 않은 일에 분노하거나 서둘러서 힘과 열정을 낭비하는 일이 많다. 서두른다는 것은 그만큼 마음이 불안하고 여유가 없는 것이다. 성공하고 싶다면 분노하거나 서두르지 말고, 여유를 갖고 차분하게 일을 처리하라. 마음을 차분하게 하고 여유를 되찾을 때 열정이 생기고 삶에 활력도 넘치게 된다.

인생에 활력을 주는 요소들 – 재치, 유머, 웃음

어떤 사람이 강연을 하려고 올라가는데 그의 친구가 이렇게 말했다.

"자네 강연에 대해 한 가지 충고를 한다면 말일세, 강연이 끝나거든 부디 정중하게 인사를 하게나. 이것이 연사로서 최소한의 예의일세. 그리고 강연장에서 나올 때는 발끝으로 살살 걸어 나오게나."

"아니, 이 친구야! 왜 발끝으로 살살 걸어 나와야 하는가?"

"이 사람아! 자네 강연을 듣고 잠든 청중을 깨우지 말아야 할 것이 아닌가?"

우스갯소리로 소개한 이야기이긴 하지만 연설가에 대한 이야기를 잠깐 하려고 한다. 최고의 연설가들도 많은 사람들 앞에서 연설을 할 때는 두려움이 있다고 한다. 그렇지만 두려움이 자극이 되어 아드레날린이 충만해지고, 정신이 맑아지며, 전달하려는 내용을 정확하게 이야기하려는 의욕이 생긴다는 것이다. 이들에게는 긴장을 여유로 바꿀 수 있는 힘이 있는 것이다. 두려움을 미루면 두려움이 더욱 커지지만, 행동으로 바로 옮기면 두려움이 사라진다. 그리고 두려움이 사라진 자리에 마음의 여유가 자리 잡는다.

전쟁 중에도 넉넉한 웃음과 유머 감각을 잃지 않았던 링컨. 그의 이런 성품은 많은 일화를 남기기도 했다. 어느 날 링컨이 스프링필드로 가야 하는데 마차가 없었다. 그러다 겨우 스프링필드로 가는 마차 하나를 발견했다. 링컨이 마차 주인에게 물었다. "실례지만 이 외투를 시내까지 가져다줄 수 있습니까?" 마차 주인이 대답했다. "물론이죠. 그렇지만 이 외투를 어떻게 찾을 생각입니까?" 링컨은 특유의 웃음을 터뜨리며 말했다. "문제 없습니다. 이 외투 안에 제가 들어가면 되니까요."

이런 재치와 여유가 링컨이 많은 사랑을 받게 한 힘이 아니었을까? 재치와 여유는 긍정적인 마음에서 나오고, 긍정적인 마음은 열정적인 삶을 살아갈 때 생긴다. 바쁜 와중에도 책 한 권 읽는 여유, 힘든 일이 있더라도 다른 사람 마음을 헤아리고 베풀 줄 아는 여유야말로 인생을 살아가는 즐거움이다.

　인생은 즐거워야 한다. 아침에 출근해서 얼굴 한가득 웃음 띤 얼굴로 인사하는 여유, 상심해 있는 동료에게 "뭐 도와줄 거 없어?"라고 던진 한마디 말이 상대방뿐만 아니라 나 자신에게도 긍정적인 에너지를 일깨운다.

불안하고 초조한 마음을 이기는 법

특별한 일이 없는데도 괜히 짜증나고 마음이 불편할 때가 있다. 원인이 없는 것처럼 보이지만 곰곰이 생각하면 마음이 불편한 이유가 있다. 불안과 초조를 없애고 마음에 평화와 여유를 찾는 방법을 알아보자.

1. 조용한 곳에서 내면을 깊이 들여다보라. 뭔가 마음을 불안하게 하는 요인이 있을 것이다.

2. 의자 깊숙이 몸을 묻고 너그러운 마음으로 생각하라. 긴장을 풀면 내 자신을 더 잘 들여다볼 수 있다.

3. 아름답고 황홀한 경치를 상상하라. 머리를 맑게 해주는 효과가 있다.

4. 고요와 평화의 문구를 암송하라. 그 문구대로 마음도 편안해질 것이다.

5. 어려운 일이 있을 때마다 은총받은 일을 생각하며 감사하라. 감사는 마음을 긍정적으로 만든다.

6. 내 마음은 언제나 편안하다고 외쳐라. 자기 암시는 실제로 놀랄 만한 힘을 발휘한다.

사람은
자기가 생각하는 대로 된다

하루는 아침에 일어나서 생각한 만큼 이루어진
다.

－힐티

    사람은 자기가 생각하는 대로 된다. 마음먹기에 따라서 꿈을 소중히
가꾸고 이루면서 살아갈 수도 있고, '내가 어떻게 하겠어.' 라는 부정적
인 생각으로 자신을 가두기도 한다. 어떻게 살아가느냐는 선택의 문제
지만 절망과 고통을 이겨내면 희망과 비전으로 보답을 해주는 것이 인
생이다. 좌절이라는 불청객은 언젠가는 떠나가게 되어 있다. 의기소침
해져 할 수 없다고 생각하지 말고 한번 용기 내서 도전해보자.

불행도 언젠가는 지나가게 돼 있다

미국의 프로 야구 선수로 명성을 날렸던 커크 깁슨은 1980년에 손

목 연골을 다쳐서 선수 생활에 치명적인 영향을 받았다. 1982년에는 왼쪽 손목마저 심하게 삐었다. 1985년에는 투수가 잘못 던진 공에 맞아 입을 열일곱 바늘이나 꿰맸고 허벅지 타박상까지 입었다. 그 다음해에는 발목을 심하게 다쳤다. 이처럼 수많은 육체적인 고통이 있었지만 깁슨은 좌절하지 않고 야구사에 남을 만한 기록을 남긴 선수가 되었다. 고통을 이겨낸 비결을 묻는 사람들에게 깁슨은 이렇게 말했다.

"삶에는 행복과 불행이 공존합니다. 잘되고 행복한 때가 있는가 하면, 안 되고 낙담할 때가 있습니다. 하지만 낙담의 순간과 마주쳤을 때 저는 낙담을 이겨내는 것만이 제가 갈 길이라고 믿었습니다."

긍정적인 사고에 집중하면 더욱 긍정적으로 생각하게 되고, 부정적인 생각에 사로잡히면 부정적인 생각에서 헤어날 수 없다. 그래서 인생은 생각하기 나름이라고 한다. 이 말은 어떻게 생각하고 행동해야 하는지 알려준다. 깁슨이 거듭된 부상에 좌절하고 슬럼프에서 헤어나지 못했다면 아무도 기억하지 않는 사람으로 남았을 것이다. 불행을 불행이라고 생각하지 않고 긍정적인 생각으로 용기 있게 도전했기에 그 성공은 더욱 빛날 수 있었다.

당신이 만약 부족함을 느낀다면 부족한 부분을 다른 것으로 채워야 한다. 어떤 능력이 부족했기 때문에 다른 방법으로 부족함을 채운 예는 얼마든지 있다. 공부를 못했기 때문에 운동으로 성공한 사람도 있고, 집안 형편이 어려워 대학 진학을 할 수 없자 낮에는 일하고 밤에는 공부해 박사 학위를 받은 사람도 있다. 산이 높다고 포기해서는 안 된다. 한 걸음 한 걸음씩 도전하면 어느새 정상에 올라가게 된다.

워싱턴 기념관 안내원은 방문객에게 이런 안내를 한다.

"여러분, 기념관 꼭대기로 올라가는 엘리베이터는 두 시간 정도 기다려야 이용할 수 있습니다. 그렇지만 계단을 이용하면 그렇게 기다릴 필요가 없습니다."

삶도 마찬가지다. 오랜 시간을 기다려서 고속 엘리베이터를 타고 단숨에 올라갈 수도 있지만, 목표를 향해 한 계단 한 계단씩 올라가는 방법도 있다.

세계 정상에 오르게 된 비결

폴란드 출신의 루빈스타인은 세계적인 피아니스트다. 그는 열두 살 때 피아노를 치기 시작해 철저한 연습과 뛰어난 연주로 많은 사람들을 감동시켰다. 루빈스타인을 취재한 기자가 세계 정상에 오르게 된 비결을 묻자 루빈스타인이 대답했다.

"자기 세계를 인정받기 위해서는 피나는 연습을 해야 합니다. 제가 하루를 연습하지 않으면 제 자신이 알고, 이틀을 연습하지 않으면 친구가 알고, 사흘을 연습하지 않으면 관객이 압니다."

각 분야에서 세계 정상에 오른 사람들을 보면 끊임없는 노력과 열정으로 최선을 다했다. 한 가지 일에 계속해서 열정을 쏟으면 처음에는 별것 아닌 것 같아도 나중에는 커다란 결과를 만들어놓는다. 실패를 두려워하지 않고 꿈을 이루기 위해 오늘 하루도 열심히 살아가는 힘, 이것이 세계 정상에 오른 사람들의 공통점이다.

행운의 여신은 열심히 사는 사람에게 미소짓는다

세계적인 지휘자 토스카니니는 원래 첼로 연주가였다. 그런데 그는 심한 근시여서 앞을 잘 볼 수 없었다. 연주가로서 치명적인 약점이었다. 그래서 그는 관현악단 전체가 연주할 때는 악보를 볼 수 없었기에 미리 모든 곡을 외워서 연주해야 했다.

하루는 연주회가 시작되기 직전에 지휘자가 갑자기 입원하게 되었다. 그 많은 오케스트라 단원 중에 전곡을 외우고 있는 사람은 토스카니니 한 사람뿐이었다. 그래서 그가 임시 지휘자로 단 위에 서게 된 것이다. 그때 토스카니니의 나이 열아홉 살이었다. 이 일이 있고 나서 첼리스트 토스카니니는 지휘자 토스카니니로 다시 태어났다.

인생도 마찬가지다. 좌절하지 않고 열심히 살다보면 뜻하지 않은 곳에서 행운을 만나기도 한다. 콤플렉스가 있다 하더라도 쉽게 포기하지 말고 당당하게 원하는 길로 걸어가 보자.

신뢰를 쌓는 것이
금을 얻는 것보다 더 중요하다

나는 남을 의심하느니 차라리 믿다가 속임을 당하는 길을 택하겠다. 속임을 당한 고통은 잠깐이지만, 의심하는 고통은 끝이 없기 때문이다.
－폴 고갱

링컨은 마흔 살이 될 때까지 거의 모든 일에 실패했으나 신뢰는 잃지 않았다. 링컨의 친구 오푸트가 남부로 이주하게 되어 샐럼을 떠날 때 링컨은 다른 사람과 동업해 친구의 사업체를 인수했다. 링컨의 사업은 제대로 운영되지 않았고, 결국 링컨은 당시로서는 상당한 액수인 1,100달러라는 부채를 떠안고 말았다.

당시는 파산하면 채무자는 손털고 그 지역을 떠나버리면 그만이었다. 그러나 링컨은 그렇게 하지 않았다. 샐럼에 남아서 채권자들에게 빚을 갚겠다고 약속했고 그대로 실행했다. 이 일이 있고 나서 링컨은 '정직한 에이브'라고 불렸다.

신뢰받는 사람이 되려면

신뢰는 서로 주고받는 성질이 있다. 한번 잃으면 좀처럼 회복될 수 없다. 그래서 상대방에게 신뢰할 만한 이미지를 심어주고 진실한 마음으로 대해야 한다.

손으로 직접 구두를 만드는 구둣방이 있었다. 쇠가죽을 구두본에 맞추어 재단한 뒤 물에 담근 다음 가죽이 단단해지도록 두드려서 구두창을 만들었는데, 구둣방의 직공은 이 과정이 번거롭다는 생각을 하고 있었다.

그러던 어느 날 다른 구둣방에 갔더니 그 구둣방에서는 구두창을 두드리지 않고 구두를 만드는 게 아닌가. 의아스러워하며 직공이 물었다. "구두창을 두드리지 않아도 상관없나요?" 일하고 있던 직원이 말했다. "뭐하러 두드리고 있어요? 그 시간에 구두 하나를 더 만들어서 팔아야죠." 이 말을 들은 직공은 돌아가 사장에게, 구두창을 두드리지 않으면 구두를 더 많이 만들어서 팔 수 있다고 건의했다. 그러자 사장이 말했다. "무슨 일을 하든지 마음을 다해 주께 하듯 하고, 사람에게 하듯 하지 말라고 하셨네. 나는 돈만 벌려고 구두를 만드는 게 아닐세. 사람에게 기쁨을 주고 하나님의 영광을 나타내기 위해 일하는 걸세."

만약 돈을 벌려는 목적으로만 일한다면 신뢰는 쌓여지지 않는다. 진실된 마음과 다른 사람을 생각하는 마음을 주고받을 때 강철보다 단단한 신뢰가 만들어진다.

신뢰는 마음과 마음의 다리

신뢰란 진실한 마음이 통하는 것

세계적으로 유명한 피아니스트인 리스트가 시골 마을을 여행하는 중이었다. 한 마을을 지나게 되었는데 거리에 리스트의 제자라는 한 여인의 피아노 독주회 포스터가 여기저기 붙어 있었다. 그러나 리스트는 그 여자가 누구인지 기억할 수 없었다. 리스트는 이상한 마음을 떨쳐버리지 못했다. 리스트를 본 마을 사람들은 그 여인의 공연에 참석하기 위해 리스트가 직접 왔다며 더욱 흥분해 수군거렸다. 가장 놀란 사람은 그날 연주회 주인공인 여인이었다. 사실 그녀는 리스트를 한 번도 본 적이 없는 무명의 피아니스트였지만 병든 아버지와 어린 동생들을 돌보기 위해 어쩔 수 없이 거짓말을 한 것이다.

연주회를 며칠 앞둔 어느 날 밤, 그녀는 리스트를 찾아가 사정을 말했다. 여인의 이야기를 들은 리스트는 그녀에게 연주해보라고 했다. 여인의 연주를 모두 들은 리스트는 연주법의 문제들을 지적해주고 잘못된 것은 고쳐주었다. 그러고 나서 여인에게 말했다.

"이제 당신은 내 제자가 되었소. 내가 당신에게 피아노를 가르쳐주었으니 이제부터 마음 편하게 연주하시오."

신뢰란 이런 것이다. 진실한 마음이 두 사람의 마음을 통하게 해주는 것. 신뢰는 시간이 지나면서 조금씩 쌓이기도 하지만 서로의 사정을 이해하고 안타깝게 여기는 마음이 순식간에 신뢰라는 다리를 만들어놓기도 한다.

powerful advice

신뢰가 쌓이는 대화의 기술

조직 내에서든 가정에서든 신뢰를 쌓는 일은 중요하다. 서로 신뢰가 없다면 의심이 싹트고 불필요한 에너지만 소모하게 된다. 신뢰를 쌓으려면 마음을 열고 자주 이야기를 나누는 것이 좋은데, 신뢰가 쌓이는 대화의 기술을 소개한다.

1. 상대방의 속마음까지 이해하려는 적극적인 관심을 갖는다.

2. 시간을 충분히 두고 마음의 여유를 갖고 대화를 나눈다.

3. 대화 중에 눈으로는 상대방의 얼굴을 보고 몸은 상대방 쪽으로 약간 기울인다.

4. 가능한 한 말을 자제해 상대방이 방해받지 않고 이야기할 수 있도록 한다.

5. 고개를 끄덕이거나 "응.", "그래." 등 간단하게 반응한다.

6. 가능하다면 상대방 스스로 판단해 해결하도록 돕는다.

웃음은 절망을
희망으로 바꾸는 힘이 있다

나는 내가 할 수 있는 한의 최선의 것과
내가 아는 한의 최선의 것을 실행하고
또 언제나 그러한 상태를 지속하려고 한다.
－링컨

웃는다는 것은 굉장히 간단하다. 특별한 기술이나 도구가 필요하지는 않지만 마음속 깊은 곳부터 즐거워야 터져나온다. 인디애나 주 빌메모리얼 병원에서 '15초 웃으면 이틀 더 오래 산다'라는 연구 결과에서도 알 수 있듯이, 많이 웃으면 정신 건강뿐만 아니라 육체 건강에도 상당한 영향을 준다. 특히 스트레스를 없애는 데 웃음처럼 좋은 것도 없다. 또한 웃음은 전염 효과가 있어 한 사람의 웃음으로 전체 분위기가 좋아지기도 한다. 기분이 좋지 않은 날 억지로라도 한번 씨익 웃어보자. 기분이 훨씬 좋아질 것이다.

밝고 긍정적으로 생각하면 어떤 어려움도 이겨낸다

우울하고 어두운 사람을 좋아하는 사람은 아무도 없다. 언제나 밝고 쾌활하고 많이 웃는 사람 주변에 사람들이 모여든다. 그렇다면 이왕지사 찡그리고 다니는 것보다 힘차고 밝게 웃으면 어떨까? 들에 핀 들꽃을 바라보라. 작은 들꽃들조차 빛을 향해 자란다.

웃고 싶어도 웃음이 나오지 않는 이유는 마음이 어둡기 때문인데, 자신도 모르게 부정적인 생각과 불길한 마음이 스며든 것이다. 부정적인 생각과 불길한 마음은 문제를 해결하는 데 아무런 도움이 되지 못한다. '나 나쁜 일 있어요'라고 말이라도 하듯이 울상을 지으며 짜증을 내면 아무도 옆에서 힘이 되어주지 않는다.

영국에서의 일이다. 소년은 천재라고 불릴 정도로 총명하고 영특했다. 그러던 어느 날 친구가 쏜 새총에 눈을 맞아 소년은 실명하고 말았다. 시력을 잃은 아들을 보며 부모는 절망했지만, 소년은 현실을 받아들이고 오히려 부모를 위로했다. "슬퍼하지 마세요. 비록 제 눈은 보지 못하지만 저에게는 영특한 머리가 있는걸요." 소년은 점자를 익히고 열심히 공부했다. 항상 웃음을 잃지 않았으며 성장해서는 국회의원이 됐다. 그의 이름은 헨리 포세트. 그는 영국 교통부 장관까지 지냈다. 만약 포세트가 실명했을 때 좌절에 빠져 인생을 비관하면서 지냈다면 그의 성공은 없었을 것이다. 이처럼 밝고 긍정적인 생각은 모든 어려움을 극복할 수 있는 힘을 준다.

절망을 희망으로 바꾸는 지혜

살아가는 데 아무런 장벽이나 어려움이 없으면 좋겠지만 현실은 그렇지 않다. 언제나 예기치 못한 불청객이 찾아와 절망의 구렁텅이에 빠뜨린다. 그렇다 하더라도 절망의 구렁텅이에 빠져 울고만 있을 게 아니라, 있는 힘을 다해 구렁텅이를 빠져나와야 한다. 가뿐하게 빠져나올 수 있는 지혜를 소개한다.

첫째, 자신의 힘으로 해결할 수 없는 문제란 없다는 신념을 가져라.

둘째, 마음을 편안하게 하라. 초조해하거나 긴장하면 정상적인 판단을 할 수 없다. 마음을 가라앉히고 문제가 무엇인지 차근차근 해결하라.

셋째, 현재 일어난 문제를 모두 종이에 써라. 그러면 문제점들이 정돈되고 해결점을 찾게 될 것이다.

넷째, 신앙을 가져라. 기도하고 간구하면 문제 해결의 실마리를 찾을 수 있다.

《런던타임스》에서 가장 행복한 사람은 누구인지 설문 조사를 했다. 조사 결과 가장 행복한 사람은 바닷가에서 모래성을 지금 막 완성한 어린이였다. 두 번째는 방금 아기를 목욕시켰거나 아기를 재웠을 때 어머니의 뿌듯한 모습이었고, 세 번째는 공예품을 완성한 목공의 모습이라고 했다.

강박관념과 욕심을 버리면 마음이 따뜻해지고 행복해질 수 있다. 자기만의 시간을 갖고 좋아하는 일을 하거나 독서를 하라. 삶이 여유로워지고 리듬감이 생긴다. 시간이 날 때마다 잠을 자는 사람이 있는데, 잠을 많이 자면 무기력감이나 의욕 상실에 빠지기 쉽다.

powerful Advice

마음 편하고 즐겁게 생활하는 6가지 방법

부정적인 마음 자세는 없는 병도 만들고, 즐거운 마음으로 생활하면 위중한 병도 좋아질 수 있다. 모든 것은 마음먹기 나름이라는 말이다. 밝고 낙천적으로 살아가는 6가지 방법을 소개한다.

1. 생활 속에서 즐거움을 찾아라. 잠깐 눈을 돌려보면 재미있는 일은 많이 있다.

2. 생각을 바꿔라. 편협한 사고방식에 사로잡혀 있으면 자신도 피곤하지만 남들에게도 피해를 준다.

3. 나쁜 습관은 고쳐라. 자신이 잘 모르는 나쁜 습관을 찾아 고치면 괜찮은 사람으로 인정받게 된다.

4. 하루하루 목표를 세워라. 목표야말로 하루하루를 즐겁게 살아가게 하는 원동력이다.

5. 창조적으로 살아라. 날마다 창조적인 일을 계획하면 하루가 새로울 것이다.

6. 실패를 극복하라. 아무리 힘들고 어렵더라도 끝은 있게 마련이다. 이왕이면 낙천적으로 생각하자.

성공을 부르는 주문 '나는 할 수 있다!'

모든 사람이 인생의 정상에 오르는 것은 '나는 할 수 있다!'는 말을 완전히 믿을 수 있느냐에 달려 있다.

—벤 스위트밴드

의기소침해지고 자신감을 잃었을 때 "나는 할 수 있다!", "나는 할 수 있다!", "나는 할 수 있다!"라고 세 번만 큰 소리로 외쳐보자. 저절로 힘이 나면서 정말 할 수 있을 것 같은 기분이 온몸을 휘감을 것이다. '나는 할 수 있다!'는 말보다 멋지고 열정적인 말이 어디에 있겠는가.

말하는 대로 이루어진다

1960년 초에 에베레스트 산을 정복하려다 실패한 청년들이 다시 한 번 도전하기 위해 뭉쳤다. 등정을 떠나기 전에 심리학자들이 그들과 인터뷰를 했다. 한 심리학자가 청년들에게 물었다. "당신들은 이번에는 에베레스트 산을 정복할 수 있다고 믿습니까?" 한 청년이 대답했다. "그렇게 하고 싶습니다." 또 다른 청년이 대답했다. "한번 해보겠습니다." 그 옆에 짐 워드라는 청년이 말했다. "나는 할 수 있습니다!"

1963년 5월 1일, 친구들 네 명의 목숨을 산길에 묻고 짐 워드는 홀로 에베레스트 산 정상에 성조기를 꽂았다.

'나는 할 수 있다!' 는 주문은 성공을 가로막는 그 어떤 것도 물리칠 수 있는 힘이 있다. 이 말을 입 밖으로 꺼내기 전에는 '성공할 수 있을까?' 하는 의구심이 들지만, 일단 입 밖으로 나오면 반드시 해야만 하는 의무감에 휩싸이게 된다. 사람은 말하는 대로 행동하게 된다. 할 수 있다고 말하면 행동도 할 수 있는 쪽으로 흐른다.

'할 수 있다' 는 자신감이 있으면 실패도 두렵지 않다

슬럼프가 찾아올 때가 있다. 슬럼프를 지혜롭게 극복해 나가야 다시 힘을 내 도전할 수 있다. 위기가 없으면 발전도 없다. 위기는 나 자신을 알아보는 시간이다. 아무리 어렵고 힘들더라도 위기를 기회로 생각하고 맞이한다면 해결할 수 있는 힘이 솟는다. 쉽게 찾아온 성공은 진정한 성공이라 할 수 없다. 위대한 인물들은 모두 수많은 실패와 좌절을 딛고 일어섰다. 실패에서 배운 교훈으로 성공이라는 결실을 맺은 것이다.

도운 대학 총장인 흑인 교육가 부커 워싱턴은 '할 수 있다' 는 정신으로 도전해 성공한 사람이다. 워싱턴은 흑인 노예의 아들로 태어났다. 열여섯 살 때 대학에 들어갈 결심을 하고 800킬로미터를 걸어서 웨스턴버지니아의 햄프턴 대학에 도착했다. 그러나 대학 당국에서는 이미 정원이 모두 찼다는 말만 하고 그를 받아들이지 않았다. 대학에서 거절했지만 워싱턴이 돌아갈 생각을 하지 않자 "그럼 청소라도 할 거니?" 하고 물었다. 워싱턴은 기꺼이 승낙했다. 워싱턴은 청소를 하는 것만으로도 감사하게 생각하며 하루종일 강당을 열심히 쓸고 닦았다.

대학 학장이 오후 늦게 나타나서 강당 구석구석을 살폈으나 청소는 완벽했다. 학장은 워싱턴의 정신 상태를 시험해본 것이다. 학장은 당장 워싱턴의 입학을 허가했다. 워싱턴은 열심히 공부했고, 후에 도운 대학 총장이 되었다. 워싱턴은 성공을 위해 700회 이상 도전한 적도 있다. '할 수 있다' 는 자신감이 있었기 때문에 실패가 두렵지 않았던 것이다.

한 번도 실패하지 않은 사람은 교만과 자만의 늪에 빠져 한 단계 더 높은 곳을 향해 도전할 생각을 하지 못한다. 쓰라린 실패를 경험한 사람만이 치열하고 열정적으로 성공을 향해 달려간다. 결코 포기하지 마라! 인내와 열정이야말로 인생을 멋지고 성공적으로 만들어가는 친구다. "나는 할 수 있다!"고 수없이 외치며 열정적으로 성공을 만들어내자.

167

powerful advice

말에 숨어 있는 놀라운 능력

무심코 내뱉는 말, 그러나 알고 보면 말에는 놀라운 능력이 숨어 있다.

1. 말에는 각인력이 있다. 어느 대뇌학자는 뇌세포의 98퍼센트가 말의 지배를 받는다고 발표했다.

2. 말에는 견인력이 있다. 말은 행동을 유발하는 힘이 있다. 말을 하면 뇌에 박히고 뇌는 척추를 지배하고 척추는 행동을 지배하기 때문에, 말하는 것이 뇌에 전달되어 행동을 이끌어낸다.

3. 말에는 성취력이 있다. 자신이 하고 싶은 일을 종이에 써서 되풀이해서 읽는 동안 성취할 수 있는 동기가 부여된다. "할 수 있다"고 외치는 동안 자신감이 생기고 놀라운 기적이 일어나는 것이다.

책 한 권이 인생을 바꾼다

세상에서 가장 무서운 사람은 책을 딱 한 권만 읽은 사람이다. 왜냐
하면 아는 것이 그것밖에 없기 때문에 고집불통에다 살아가는 데 필요
한 것은 다 배웠다고 믿기 때문이다. 독서를 많이 할수록 사람은 부족함
을 느끼고 겸손해진다. 독서는 알고 싶다는 욕구에서 비롯되는데, 이는
자신의 부족함을 알기 때문이다.

책 속에 길이 있다

"한 분야의 책을 3천 권만 읽으면 전문가가 되어 저술가나 강연가도
될 수 있다. 책은 지식의 폭을 넓혀주고 간접적으로 체험할 수 있도록

하기 때문이다. 세계적으로 성공한 사람들은 책을 많이 읽었다. 책 속에 길이 있다는 말을 몸소 보여준 것이다.

책을 읽지 않으면 고여 있는 물과 같아서 더 이상 발전할 수 없다. 그러니 책을 읽어서 시야를 넓히고, 마음을 갈고 닦아야 한다. 한 권의 책이 사람의 인생을 바꿔놓을 수도 있다.

'설교의 왕'이라 불리는 찰스 스펄전이 어렸을 때부터 100회 이상 탐독한 책은 《천로역정》이다. 스펄전은 여섯 살 무렵 목사관 2층의 어둠침침한 방에서 《천로역정》 복사판을 발견했다. 책표지는 목판화로 되어 있었다. 스펄전은 아래층으로 가지고 내려와서 밝은 불빛에 표지를 비춰보았다. 등에 무거운 짐을 지고 있는 그리스도인의 모습이 너무나 인상적이었다. 열여덟 살 때 스펄전은 워터비치의 작은 침례교회 목회자가 되었다. 그후 스펄전은 전국적으로 화제의 인물이 되었고, 그의 설교는 전 세계 사람들에게 감동을 주었다. 스펄전은 40년 동안 수많은 사람들 앞에서 메시지를 전했다. 한 권의 책이 한 사람의 삶을 위대하게 만들어놓은 것이다.

우리가 책을 읽는 이유

인생은 한 권의 책과 같다. 어리석은 사람은 그것을 아무렇게나 넘기지만 지혜로운 사람은 책 안에서 인생의 지혜를 배우고, 사람을 사랑하는 법을 배우고, 성공을 위한 방법을 배울 줄 안다. 책을 읽는 이유를 정리해보려고 한다.

첫째, 정보와 지혜를 얻기 위해 읽는다. 책을 읽으면 아는 것이 많아져 생각이 깊어지고 많은 사람 앞에서 이야깃거리가 풍부해진다.

둘째, 배움의 욕구를 충족시키려고 읽는다. 책을 폭넓게 읽으면 다양한 분야의 지식을 습득해 올바른 사고를 할 수 있게 된다.

셋째, 마음에 즐거움을 주려고 읽는다. 좋아하는 분야의 책을 읽으면 마음 역시 흐뭇해진다.

넷째, 정신이 건전하고 마음이 편안해진다. 정신과 영혼이 병들면 약도 없다. 책으로 건전한 사고방식과 마음의 평화를 얻을 수 있다.

다섯째, 열린 마음을 갖게 한다. 편협한 사고방식에서 벗어나 열린 마음으로 타인을 배려할 줄 알고 포용할 수 있다.

여섯째, 아이디어의 원천이다. 독서를 하면 짧은 시간에 많은 경험을 하게 되므로 무수한 언어를 통해서 다양한 사고가 일어나고, 이러한 사고는 새로운 아이디어를 만들어낸다.

일곱째, 자신감이 넘친다. 책을 많이 읽으면 아는 것이 많아지므로 자신감이 붙는다.

powerful Advice

성공한 사람들의 독서 기술

동서양을 막론하고 성공한 사람들은 모두 책 속에서 길을 찾았고, 책을 통해 위대한 사람들의 지혜를 읽었다. 성공한 사람들은 어떤 방법으로 독서를 했는지 배워보자.

1. 사전과 참고서적을 활용하라.

2. 서평을 빠뜨리지 않고 읽어라.

3. 책을 읽을 때는 그 옆에 그때그때의 느낌을 적어라.

4. 베스트셀러를 읽어라.

5. 잡지는 아이디어 창고다.

6. 한 저자의 모든 작품을 읽어라.

7. 일과 관계된 잡지는 모아라.

8. 독서의 폭을 횡적으로 넓혀라.

9. 잡학도 쓸 데가 있다.

10. 중요한 부분은 색연필로 표시하라.

열정이 있는 사람은
인간관계에도 열정적이다

최고를 쫓는 사람은 성공할 수 있어도
반드시 행복한 것은 아니다.
그러나 최선을 다하는 사람은
비록 성공할 수 없어도 행복하다.

– 작자 미상

　우리는 일생을 사는 동안 다양한 사람과 만나서 관계를 유지해 나간다. 그런 관계 속에서 평생 친구를 만나기도 하고, 서로 상처를 주고받는 관계도 있다. 친밀하고 돈독한 관계를 유지하기 위해서는 시간을 들여서 정성을 쏟아야 한다. 만나면 편안하고 힘이 되고 기분이 좋아지는 사람은 계속 만나고 싶어지기 때문이다.

　자신의 열정을 자극시키고 서로 의지가 되는 인간관계를 만들면 삶이 외롭지 않다. 그러나 자신을 응원해주는 사람이 없으면 이 넓은 세상도 무인도처럼 느껴진다. 사람이 성공을 이루는 큰 재산이다.

인맥이 곧 경쟁력이다

미국 카네기멜론 대학에서 인생에 실패한 이유에 대한 조사를 했다. 조사 결과 인생에서 실패한 이유가 전문적인 기술이나 지식이 부족했다고 답변한 사람은 15퍼센트에 불과했다. 나머지 85퍼센트는 잘못된 인간관계라고 꼽았다. 그만큼 인간관계는 살아가는 데 중요한 부분을 차지한다. 특히 어려움에 처했을 때 자기 일처럼 걱정해주고 도움을 주는 사람을 만드는 일은 인생 전반에 걸쳐 해결해야 할 숙제라고 할 수 있다.

비즈니스에서는 인맥이 곧 자산이다. 철강업계의 신화적인 인물인 찰스 슈왑은 100만 달러라는 어마어마한 연봉을 받았다. 카네기가 그런 고액을 지급했던 이유는 슈왑이 사람을 다루는 데 비범한 능력이 있었기 때문이다. 탁월하게 사람을 다루는 슈왑의 능력을 보여주는 일화 하나가 있다.

언젠가 슈왑이 제련소를 둘러보고 있었다. 근로자 몇 명이 금연 표지판 밑에서 담배를 피우고 있는 모습을 보았다. 슈왑은 "이봐, 무슨 짓들이야! 자네들은 글도 못 읽나?"라고 소리치는 대신 그들에게 다가가 이런저런 이야기를 나누었다. 금연 표지판 아래에서 담배를 피운 것에 대해서는 일절 이야기하지 않았다. 이야기를 끝낼 무렵 슈왑은 그들에게 시가 한 개비씩을 나누어주었다. 그리고 눈을 한번 찡긋하고는 "이 시가는 밖에서 피워주면 고맙겠네!"라고 했다. 이것이 전부였다. 근로자들을 부끄럽고 무안하게 만들 어떤 말이나 훈계도 하지 않았다. 그러나 틀림없이 그 근로자들은 자신들의 행동을 부끄럽게 생각했을 것이다. 슈왑은 언제나 이런 식으로 사람들을 대했다. 그래서 슈왑의 말이라면 모두들 팥으로 메주를 쑨다고 해도 믿고 따랐다.

「멋진 인간관계 체조」

마음을 열어라.

예의를 갖춰라.

칭찬을 많이 하라.

이야기를 잘 들어줘라.

먼저 줘라.

공통의 화제를 선택하라.

멋진 인간관계를 위한 조언

내가 어려울 때 도움을 받기도 하지만, 다른 사람에게 도움을 주어야 할 때도 있다. 베풀지는 않으면서 도움을 바란다면 그 관계는 깨지고 만다. 조금은 손해를 볼 때도 있고 밑질 때도 있다. 그리고 경제적인 도움만 줄 수 있는 것은 아니다. 슬퍼하고 있는 사람에게 위로의 말 한마디 건네는 것, 힘들어하는 사람에게 "파이팅!"이라고 말하는 것, 자신감이 없는 사람에게 "너는 할 수 있어!"라는 말을 건네는 것이 인간관계의 출발점이 된다.

인간관계가 원만한 사람은 아무리 작은 일이라도 상대방에게 도움을 준다. 상대방에게 어떤 이익이 돌아갈 것인가를 먼저 생각한다. 그러나 이는 머릿속에서 계산해서 나오는 게 아니라 마음이 그렇게 시키는 것이다. 머릿속으로 계산부터 한다면 이 관계는 오래 지속될 수 없다. 멋진 인간관계를 만들고 유지하기 위해서 몇 가지 지혜를 빌려주려고 한다.

첫째, 마음을 열어라. 자신의 마음을 열지 않으면 남의 문도 열 수 없다. 상대방의 경계심을 풀려면 자신의 문부터 활짝 열어야 한다.

둘째, 예의를 갖추어라. 예의란 누구나 다 갖추어야 할 규범이므로 예의를 갖추지 않으면 상대방에게 불쾌감을 준다.

셋째, 칭찬을 많이 하라. 상대방의 장점을 발견하고 칭찬하면 자존심을 세워주고 마음의 문이 열린다.

넷째, 이야기를 잘 들어줘라. 누구나 다 인정받고 존경받고 싶어한다. 인간의 귀가 둘이고 입은 하나인 이유를 잘 생각하라.

다섯째, 먼저 줘라. 먼저 주면 상대방은 기분이 좋아지고 신세를 갚아야겠다는 마음을 갖게 된다. 물질 외에도 정보, 아이디어, 따뜻한 말 한마디 등 줄 것은 아주 많다.

여섯째, 공통의 화제를 선택하라. 처음 만나는 사람이라도 주의 깊게 살펴보면 공통적인 면을 발견할 수 있다. 공통점이 있으면 더욱 친밀해진다.

일곱째, 약속을 잘 지켜라. 약속은 인간에 대한 기본적인 예의다.

상대를 변화시키는 지혜

상대방의 마음을 움직이려면 상대방의 마음을 정확하게 파악할 줄 알아야 한다. 상대를 변화시키는 지혜는 다음과 같다.

1. 먼저 칭찬하라.
2. 충고하려면 간접적으로 하라.
3. 자신의 실수를 먼저 이야기하라.
4. 명령하지 말고 부탁하라.
5. 체면을 손상시키지 마라.
6. 사소한 일이라도 잘한 것을 칭찬하라.
7. 기대와 관심을 가져라.
8. 격려하라.
9. 자진해서 협력하게 만들어라.

나무처럼 진실한 친구를 만들어라

친구는 기쁨을 두 배로 하고 슬픔은 반으로 나눈
다.

—키케로

　사람들은 좋은 친구를 원하지만 좋은 친구 관계를 유지하기 위해서
어떤 노력을 해야 하는지는 잘 모른다. "한 시간이 주어지면 책을 읽고,
한 달이 주어지면 친구를 사귀어라."라는 말이 있다. 책을 읽거나 여행
을 하거나 모두 중요한 일이다. 이런 일들을 위해 마땅히 시간을 투자해
야 한다.

　그러나 친구를 사귀는 데는 더 많은 시간과 정성이 필요하다. 나무
를 심어 숲이 되려면 20년의 시간이 필요하다. 나무같이 진실한 친구를
얻기 위해서는 이처럼 오랜 시간이 필요하다. 그러나 친구는 세상의 그
어떤 것보다 가치 있는 재산이기에 이런 노력이 아깝지 않다.

진실한 우정은 함께 있는 것으로 충분하다

친구란 오래 두고 가깝게 사귄 벗을 가리킨다. 친구 사이에는 많은 것을 함께한다. 같이 먹기도 하고 이야기도 하고 영화관에도 가며 함께 울고 웃는다. 사람끼리도 서로 맞는 사람이 있는데, 하물며 친구끼리는 말할 필요도 없다.

남북전쟁이 끝나갈 무렵 링컨은 고향인 스프링필드에 살고 있는 친구에게 중요한 일을 상의하고 싶으니 와달라는 편지를 보냈다. 친구가 오자 링컨은 노예해방전선에 대해서 장시간 이야기를 했다. 그리고 그의 의견은 한마디도 듣지 않고 다시 보냈다. 링컨은 처음부터 끝까지 혼자 이야기했으나 마음이 즐거웠다. 자기 이야기를 끝까지 들어줄 친구가 있었기 때문이다.

앤드류와 타머스라는 두 친구가 있었다. 이들은 신앙 안에서 오랫동안 우정을 지켜왔기 때문에 서로에게 위로와 소망이 되는 사이였다. 하지만 두 사람은 소리 내어 싸우거나 갈등을 일으킨 일도 없이 너무나 단조로워 보이는 우정을 지속했다.

그러던 어느 날 둘이 길을 가고 있는데 친구로 보이는 두 사람이 멱살을 잡고 싸우고 있었다. 그 모습을 본 앤드류가 타머스에게 제안을 했다. "우리도 저 사람들처럼 소리 내어 싸워보세." 타머스의 반대에도 불구하고 앤드류는 길에서 돌멩이 하나를 집어왔다. "자, 이 돌을 자네와 나 사이에 두고 서로 자신의 것이라고 주장해보세. 그러는 동안 정말 싸움이 시작될걸세. 그럼 자연스럽게 서로에게 쌓였던 불만을 꺼내놓을 수가 있을걸세! 나부터 시작을 하지. 자, 이 돌은 내 돌멩이야!" 그러자 타머스는 천천히 돌을 집어 자신의 앞에 놓더니 "여보게! 내 생각엔 이

돌이 내 돌인 것 같네!"라고 말했다. 앤드
류는 타머스의 말이 끝나기가 무섭게 "그
래,그럼 가져가게!" 하고 말하고 어색한 듯
이 웃었다. 서로에게 아까울 것이 없는 우
정과 사랑. 이것을 가지고 있는 사람이 가
장 행복하고 부유한 사람일 것이다.

너는 내
진실한 친구야.

우정을 유지하기 위한 10가지 방법

인디언들에게 친구라는 말은 '나의 슬픔을 등에 지고 가는 사람이다.' 라는 의미이다. 이처럼 친구는 어려울 때 힘이 되고 기쁨을 함께 나누는 소중한 존재다. 친구 사이의 우정을 나누는 방법을 살펴보기로 하자.

1. 우정은 시간과 노력이 필요하다.

2. 자신의 시간, 물질, 기술 등을 나누어야 한다.

3. 서로 좋거나 나쁘거나 진실한 마음을 나누어야 한다.

4. 우정이 끝까지 지속될 것으로 믿어라.

5. 자신이 잘못했을 때 그 사실을 시인하라.

6. 친구 의견에 동의할 수 없을 때 친구의 인격을 비방하지 말고 구체적인 내용을 말하라.

7. 가까이 지내는 친구와 다툴 때 우선 자신의 분노를 차분히 진정시켜라. 그러고 나서 해결하기 위해 행동하라.

8. 우정이 금이 간 다음 다시 가까워지면 예전보다 더 강하다.

9. 친구의 이익을 가로채지 마라.

10. 우정을 지키기 위해 서로 노력하라.

욕심과 비교는 행복을 갉아먹는다

인생은 욕망이다. 인생을 사는 의의 따위는 뭐라
고 해도 좋다.

― 찰리 채플린

에스키모 인들이 늑대를 사냥하는 방법은 독특하다. 칼날을 조금 남기고 칼자루를 얼음 속에 묻은 다음 싱싱한 고깃덩어리를 칼날에 꽂는다. 시간이 좀 지나면 고기의 피냄새가 멀리 퍼져 늑대들이 모여든다. 늑대들은 얼어붙은 고깃덩어리를 핥아대면서 점점 광폭해진다. 곧 늑대들은 예리한 칼날에 혀를 베고 자기들의 피로 허기를 채우기 시작한다. 서로를 물어뜯고 죽을 때까지 핥아댄다. 서로를 물어뜯는 늑대들의 탐욕이 스스로 파멸을 불러오는 것이다.

184

바라는 게 많을수록 불행은 더욱 커진다

누구나 다 좋은 집에 살고 싶고 비싼 차에 명품 옷으로 휘감고 싶은 욕망이 있다. 그래서 돈도 벌고 성공도 하고 싶은 것이다. 그런데 아이러니하게도 바라는 게 많아질수록 인간은 더욱 불행해지고, 하나를 가지면 두 개를 갖고 싶어진다. 그러다 보면 끝도 없이 바라게 되고, 나보다 나은 다른 사람과 비교하면서 스스로를 괴롭힌다.

하나님은 공평하셔서 세상 모든 사람에게 나름대로의 고통과 고민거리를 안겨주었다. 그래서 겉으로는 풍요롭고 아무런 문제가 없는 것처럼 보여도 속을 들여다보면 고민과 고통을 안고 산다. 그런데도 나만 처진 것처럼 보이는 이유는, 내가 가지고 있는 것은 보이지 않고 나에게 없는 것만 보이기 때문이다.

찬송가를 부르면서 구두를 닦는 청년이 있었다. 구둣가게 근처에 은행이 하나 있었는데, 은행장이 구두도 열심히 닦고 항상 기쁜 마음으로 찬송가를 부르는 청년의 모습을 기특하게 생각해 유산을 정리할 때 그 청년에게 많은 돈을 주었다. 청년은 돈이 많이 생겨서 기쁘기도 했지만 그것도 잠시뿐 고민에 빠지기 시작했다. 돈을 어느 곳에 보관하고 어떻게 써야 할지 고민하느라 잠을 이루지 못했던 것이다. 잠을 자지 못한 청년의 얼굴은 검게 변했고 입맛도 없어져 점점 말라갔다. 청년은 고민 끝에 은행장에게 돈을 다시 돌려주었다. 그날 이후에는 예전처럼 잠도 잘 잤고 입맛도 돌아왔다. 청년은 예전처럼 찬송가를 부르면서 열심히 구두를 닦았다.

비교는 자신을 더욱 초라하게 한다

총무부에 근무하는 김 대리는 동갑인 이 대리만 보면 한숨이 나왔다. 이 대리는 키 크고 잘생겼으며 누구에게나 친절해서 인기가 많았다. 특히 여직원들은 이 대리가 부탁하는 일이라면 가장 먼저 들어주고, 이 대리를 동경의 눈빛으로 쳐다봤다. 김 대리는 이 대리 옆에만 가면 주눅이 들었다. 보통 키에 무난한 몸매, 얼굴도 못생기지는 않았지만 여자들의 시선을 받을 정도는 아니었다.

며칠이 지나 김 대리는 이 대리와 프로젝트를 같이 진행하게 되었다. 김 대리는 내키지 않았지만 부장님 지시라 이의를 제기할 수도 없었다. 하루 업무를 끝내고 김 대리와 이 대리는 맥주를 한잔 하기로 했다. 그런데 이 대리가 뜻밖의 말을 하는 것이 아닌가.

"김 대리, 나와 같이 일하는 게 마음에 들지 않은 거지? 부장님이 같이 일하라는 지시를 내렸을 때 자네 얼굴이 일그러지더군. 모든 일을 완벽하게 처리하는 자네처럼은 하지 못하더라도 열심히 할 테니 옆에서 많이 가르쳐주게. 자넨 정말 어려워 보이는 일도 척척 잘하더군."

김 대리와 이 대리는 서로에 대해 열등감을 가지고 있었다. 자기에게 없는 것에 대해 위축감을 느꼈던 것이다.

인간에게는 저마다 고유의 재능이 있다. 자신에게 없는 타인의 능력을 부러워만 할 게 아니라, 자신의 장점을 더욱 발전시켜야 진정한 행복을 느끼게 된다.

powerful Advice

욕심을 부려 남을 속이면 그 화가 결국 자신에게 돌아온다

어떤 젊은 건축가가 사무실을 차린 지 얼마 안 되었을 때 부유한 친척이 그를 찾아와 말했다.

"집 한 채를 지어주게. 가장 좋은 자재를 쓰되 계산서는 보여줘야 하네."

건축가는 처음에는 좋은 자재를 쓰며 양심적으로 일했다. 그러다 얼마 안 가 욕심이 생기기 시작했다. 좋은 자재 대신 값싼 자재를 쓰고 계산서에는 비싼 자재를 쓴 것으로 기재했다. 집이 완성되자 건축가는 부유한 친척에게 계산서를 내밀었고 친척은 수표를 써주면서 말했다.

"이 집은 이제 자네 소유라네. 내가 어려웠을 때 돌아가신 자네 부모님께 신세를 많이 졌지. 이제야 신세를 갚는구먼."

건축가는 자기가 지은 새 집으로 이사했고 겨울이 되었다. 값싼 자재로 지은 집은 습기가 벽에까지 차오르고 바람은 문틈을 통해 몰아치고 지붕에서는 비가 새어 온 방안에 떨어졌다. 건축가는 제대로 짓지 않은 것을 후회했지만 이미 어쩔 수 없었다.

마음의 평화를 얻고 싶다면
착하게 살아라

항상 옳은 일을 하라. 그러면 몇몇 사람들은 기뻐
할 것이고 다른 이들은 놀랄 것이다.
─마크 트웨인

연구소에서 일하게 된 김현민 씨. 요즘처럼 취업하기가 어려운 시절
에 당당하게 국가 소속 연구소에 취직했다. 그곳은 좀 특이한 곳이라서
현민 씨 또래 남자 동료는 거의 없었고 나이 많은 남자 상사들과 어린 여
직원들이 많았다. 워낙 착한 남자라 '천사표'라는 별명이 따라다녔던
그에게 직장 생활은 스트레스 그 자체였다. 어린 여직원들은 현민 씨가
착하다는 것을 파악하고 비싼 패밀리 레스토랑에서 밥 사달라고 하기
일쑤였고, 또 회사 내에서 현민 씨가 부탁하는 일은 업무 협조가 잘 되지
않았다. 지원군을 요청할 만한 사람도 없고 일과 인간관계가 매끄럽지
못하자 결국 현민 씨는 연구소를 그만두고 말았다. 취직했다고 기뻐하
시던 부모님 얼굴이 떠올랐지만 어쩔 수 없었다.

사랑을 나누면 두 배가 된다

어떻게 살아야 착하게 사는 것인지, 과연 착하게 사는 것이 옳은 일인지, 나만 착하게 산다고 해서 이 세상이 착해지는지 한번쯤 생각해봐야 할 문제다. 세상 사람을 착한 사람과 나쁜 사람으로 명확하게 나눌 수는 없지만, 적어도 사람마다 기본 성향이라는 것이 있다. 살다보면 김현민 씨 같은 경우처럼 착한 사람이 피해를 보는 경우가 종종 있다. 이럴 때는 나쁜 사람이라며 욕해봤자 소용이 없다. 그렇다고 상사에게 이런 문제를 보고할 수도 없는 법, 당분간 낮은 포복으로 때를 기다려야 한다. 기다렸다가 반전의 기회를 만들어야 한다.

선한 마음으로 바르게 생각하고 옳은 일을 하면, 마음은 기쁨으로 가득 차고 세상은 한결 살 만한 곳이 될 것이다. 다른 사람 뒤통수를 쳐서 승진하거나 직원들을 착취하고 부정한 방법으로 축재한다면, 경제적으로는 좀더 풍요로울 수는 있어도 그보다 훨씬 가치 있는 것들을 잃어버리게 된다. 마음은 불편해지고 빈곤해질 것이다. 다른 사람을 사랑하고 자신의 것을 나누어줄 때 마음은 풍요로워지는데, 내 것만 챙기고 남을 밟고 올라가면 마음은 허기가 지기 때문이다.

마음의 평화 찾기

노벨 평화상을 받은 마더 테레사가 호주를 방문했을 때의 일이다. 젊은 수사가 테레사의 수행원이 되게 해달라고 애원했다. 테레사 수녀 옆에서 많은 것을 배우고 듣고 보기를 원했다. 수사는 줄곧 테레사 수녀 가까이에 있었지만 테레사 수녀를 만나는 사람들이 워낙 많아서 말 한

마디 건넬 기회가 없었다.

모든 일정을 마치고 테레사 수녀가 뉴기니로 떠나게 되었다. 실망한 수사는 테레사 수녀에게 또다시 청했다. "뉴기니로 가는 여비를 제가 부담하면 비행기 옆자리에 앉아서 테레사 수녀님께 많은 말씀을 듣고 배울 수 있습니까?" 테레사 수녀가 대답했다. "뉴기니로 가는 항공료를 낼 만한 돈이 있나요?" 수사가 말했다. "물론이죠." 그러자 테레사 수녀가 말했다. "그러면 그 돈을 가난한 사람들에게 나누어주세요. 내가 말하는 것보다 더 많은 것을 배울 수 있을 겁니다."

보상을 바라지 않고 선행을 베풀면 삶에 놀라운 변화가 생긴다. 기쁨이 넘치고 살아가는 의미와 보람을 느낄 것이다. 산다는 것 자체를 감사하게 생각하게 되며, 무엇보다 중요한 것은 좋은 일을 했다는 뿌듯함에 마음의 평화가 찾아온다.

행복한 것처럼 보일 것인가, 행복하다고 느낄 것인가?

행복은 두 가지 모습으로 나타난다. 첫째는 남이 보기에는 행복하지만 불행한 사람이고, 둘째는 남이 보기에는 불행하지만 행복한 사람이다. 다른 사람에게 보여지는 행복과 스스로 느끼는 행복이 다르기 때문이다. 행복의 조건을 모두 갖추고 있는 것처럼 보이지만 절망과 불행의 늪에 빠져 헤매는 사람이 있는 반면, 외적으로는 아무런 행복의 조건을 갖추지 못한 것처럼 보이지만 스스로는 행복하다고 느끼는 것이다.

행복한 사람처럼 보일 것인가, 스스로 행복하다고 느낄 것인가? 어떤 것을 선택하는가는 자유지만 마음이 행복하지 않으면 부와 명예와

권세를 모두 갖추었더라도 마음의 공허함은 더욱 커질 것이다. 성공과 행복이 꼭 물질과 비례하는 것은 아니다. 누구나 다 아는 사실이기는 하지만 머리로 아는 것과 가슴으로 느끼는 것은 다르다.

powerful Advice

조직 내에서 피해야 할 '나쁜 사람'

어느 조직에나 나쁜 사람은 한두 명씩 꼭 있다. 사기나 공금 횡령 등과 같은 명백하게 범죄를 저지르는 사람은 아니지만, 괜히 사람을 기분 나쁘게 하고 무시하거나 다른 사람 험담을 즐기는 사람 등이다.

이들은 상황에 따라 다르게 말하고 책임을 다른 사람한테 돌리는 데도 선수다. 이런 사람과 같이 있으면 기운이 빠지고 일할 의욕이 사라지며, 원하지 않는 퇴사나 이직까지 고려하게 된다. 이런 사람들의 장난에 넘어가지 않으려면 현명한 대처 능력이 필요하다.

무차별적으로 공격하는 사람에게는 얼굴 가득 웃음을 띠되 논리 정연하게 조목조목 말한다. 습관적으로 남을 험담하는 사람은 자신도 모르게 험담이 몸에 밴경우다. 이런 사람들에게는 흥분할 필요도 없다. 무시하는 게 상책이다. 여러 사람이 같은 일을 부탁하더라도 내 일만 하지 않거나 늦게 하는 사람이 있다. 이럴 때는 인간적으로 접근해보자. 회식 자리처럼 공식석상에서 호감을 주거나 대화를 통해 인간적으로 친해지는 것이 좋다.

소중한 꿈을 간직하고 있다고 치자. 이 꿈을 끝까지 지켜야 하는데 곳곳에 좌절과 절망이 라는 녀석이 꿈틀거리며 꿈을 잃어버리도록 만든다. 비 온 뒤에 땅이 더 단단해지는 법, 절 망을 경험하고 난 뒤에 꿈의 실현은 한 발자국 더 우리 앞에 다가설 것이다. 절망에 부딪혔을 때, 꿈이 파손될 위험에 처했을 때 절망을 희망으로 바꾸는 힘이 바로 열정이다. 열정이 라는 이름으로 훌훌 털고 일어날 때 성공 신화는 만들어진다.

CHAPTER 04

열정은 절망을
희망의 거름으로 쓰게 한다

passion for success

실패에서 성공의 의미를 배워라

성공한 사람과 그렇지 못한 사람을 구분하는 단 한 가지 기준은 진정으로 열심히 일하려는 의지가 있느냐이다.

—헬렌 굴리 브라운

　실패할지도 모른다는 두려움으로 아무것도 하지 않는 것보다, 실패하더라도 어떤 일이든 시도할 때 더 많은 것을 얻는다. 중요한 것은 실패를 통해서 성공과 점점 거리를 좁혀가는 것이다. 실패를 피해가는 것이 아니라 정면으로 부딪치며 돌파해 나갈 때 인생은 더 많은 기회를 선물한다.

실패를 성공의 기회로 바꿔라

웨이 알린은 실패에 대해서 이렇게 말했다.

"실패하고 거절당하는 것은 그리 나쁜 일이 아니다. 오히려 실패는 다시 앞으로 나아갈 수 있는 힘을 준다!"

살아가면서 크고 작은 실패를 피할 수는 없다. 대학 입학 시험이나 취업 시험에서 떨어질 수도 있고 사업에 실패할 수도 있다. 그러나 한두 번의 실패로 인해 절망에 빠지거나 좌절하지 마라. 절망이나 좌절은 성공을 이루는 데 아무런 도움이 되지 못한다. 가치 있는 일을 성취하려면 그 과정에서 수많은 고통을 감당해야 하는 법이다. 그러므로 성공이 이루어지기까지 열정을 가지고 계속 전진해야 한다.

하지만 실패를 아무렇지도 않은 듯 훌훌 털어내기란 어렵다. 많은 사람들이 성공의 달콤한 향내를 경험하지 못하는 이유가 바로 여기에 있다. 실패의 기쁨을 경험하지 못하는 것이다. 고통 없이는 아무것도 얻지 못한다. 모험이 없으면 보상도 없다. 성공한 사람에게는 실패도 추억이 되고 자랑거리가 될 것이다.

성공한 사람들은 고통과 절망을 기회로 삼아 승리를 일구었다. 절망해야 할 상황도 어떻게 받아들이느냐에 따라 전혀 다른 결과를 가져온다. 실패는 시련을 안겨주기도 하지만, 그것은 곧 변화의 순간이 되기도 한다.

실패를 극복할 때 느끼는 감동은 대단하다. 고통을 이겨내고 성공하는 것은, 패배 속에서 승리를 찾고 절망의 상황 속에서 희망을 찾아내는 일이다. 가시나무에서 장미꽃이 피어나는 것을 보아야 한다. 실패 속에서 성공으로 우뚝 솟아오르는 것은, 마치 어둠을 뚫고 떠오르는 태양을 바라보듯이 벅찬 감동을 몰고 온다. 가능성을 믿고, 시련과 고통의 순간을 성공의 시간으로 바꾸고, 실패를 성공의 기회로 바꾸는 것이다.

실패를 두려워하지 말고 실패를 통해 배워라

한 비평가가 스페인의 위대한 바이올린 연주가인 사라사테를 천재라고 말했다. 그러자 사라사테는 이렇게 말했다. "천재라뇨! 나는 지난 37년 동안 하루에 14시간씩 연습했습니다." 사라사테는 자신을 최고의 바이올린 연주자로 만든 것은 천재성이나 타고난 재능만이 아니라는 것을 알고 있었다. 꾸준한 연습, 좌절하지 않는 불굴의 정신이 그 자리에 있게 만든 것이다.

실패한 사람들의 95퍼센트는 포기했기 때문에 실패한 것이다. 포기한 사람은 아무도 기억해주지 않는다.

고등학교 미식 축구팀의 한 코치가 시즌 중반에 출전 선수들을 불러 모아놓고 말했다.

"농구 선수 마이클 조던이 중간에 포기한 적이 있는가?"

선수들이 큰 소리로 대답했다.

"없습니다!"

"비행기를 발명한 라이트 형제가 중간에 포기한 적이 있는가?"

"안 했습니다."

"앨머 윌리엄스가 포기한 적이 있는가?"

이 말에는 아무도 대답하지 못했다.

한 선수가 궁금해하며 코치에게 물었다.

"그 사람은 누구입니까? 그런 이름은 처음 들었습니다."

그러자 코치가 선수들에게 말했다.

"너희들은 모를 것이다. 이 사람은 중간에 포기한 사람이다."

성공이란 뜻한 바를 이루는 것이다. 성공을 위해서는 무엇보다 비전

을 갖고 희망을 갖는 것이 중요하다. 비전을 가슴에 품었다면 어떠한 실패도 넉넉히 이겨낼 수 있다.

성공의 비결은 실패를 두려워하는 것이 아니라, 실패를 통해서 배우는 것이다. 어린아이들은 걸음마를 배울 때 수없이 넘어지고 비틀거리고 쓰러지는 경험을 통해서 온전하게 걷게 된다. 모든 예술 분야도 마찬가지다. 처음부터 훌륭한 작가나 연주가가 될 수는 없다. 실패를 통해서 성공이 이루어지는 것이다.

나는 발밑을 보고 걸었다

네팔과 중국의 국경에 있는 8,848미터의 에베레스트 산은 세계 최고봉으로 모든 등반가들의 꿈을 자극하는 명산 중의 명산이다. 세계 최초로 에베레스트 산을 정복한 헤리슨에게 "어떻게 그 험한 산을 정복했느냐?"고 물었다. 헤리슨이 대답했다. "정상에 오르기 위해 나는 어떤 고난도 참고 한 발짝씩 꾸준히 움직였더니 마침내 산꼭대기였다. 나는 산 위를 보고 오른 것이 아니라 발밑을 보고 걸었다."

그 어떤 인생에도 바람이 불고 파도도 친다. 실패도 할 수 있다. 그러나 실패를 실패로 끝나게 해서는 안 된다. 실패를 외면하지 말고, 일종의 상황으로 인정할 필요가 있다. 오히려 실패는 다시 일어서기 위한 필수 조건이다. 실패는 도전을 창출하고, 도전은 변화를 창조하며, 변화는 성공을 위해 꼭 필요한 것이기 때문이다. 변화와 도전이 없다면 성장과 발전이 불가능하고 성공할 수도 없다. 변하기를 원하는 사람들은 늘 실패를 경험한다. 하지만 실패의 원인을 알고 다음번에는 그와 같은 이유로 실패하지 않는다. 원인을 알고 그것을 극복하면 다음에는 실패하지 않는다. 가장 중요한 것은 확고한 마음이다.

'포스트 잇'이라는 메모지 사무용품이 있다. 이 제품이 세상에 나오게 된 이유가 좀 재미있다. 풀을 만드는 공장에서 사고가 터졌다. 원료를 잘못 배합한 것이다. 풀이란 한번 붙여놓으면 떨어지지 않아야 하는데 자꾸만 떨어졌다. 그래서 많은 풀을 버릴 위기에 처했고 회사는 큰 손해를 보게 되었다. 이때 사원 하나가 건의했다.

"혹시 임시로 종이를 붙여놓았다가 흔적 없이 떼어내고 싶은 사람이 있을지 모르니 메모지에 이 풀을 칠해서 판매하면 어떻겠습니까?"

이렇게 만들어진 포스트 잇은 전 세계적인 히트 상품이 되었고, 이 회사는 세계적인 기업으로 발전했다.

Powerful Advice

극복해야 하는 실패의 원인 30가지

실패 없이 성공하는 사람도 없고, 실패 없이 성공하는 사업도 없다. 실패가 비참했기에 성공도 그만큼 더 멋지다. 실패의 맛을 아는 사람이 성공의 맛도 안다.

1. 타고난 불리한 배경
2. 확고한 목적 의식 결핍
3. 성공을 이루고 싶어하는 야망의 결핍
4. 교육 부족
5. 자기 수련 부족
6. 좋지 못한 건강

7. 성장 과정의 좋지 않은 환경

8. 우물쭈물 망설이는 태도

9. 인내심 부족

10. 부정적인 습관

11. 성적 충동에 대한 억제력 부족

12. 공짜를 바라는 어리석은 마음

13. 확고한 결단력 부족

14. 잘못된 배우자 선택

15. 지나친 신중함

16. 잘못된 고용주 선택

17. 미신과 편견

18. 잘못된 직업 선택

19. 노력 집중의 결핍

20. 지나친 낭비벽

21. 열정 부족

22. 이해심 부족

23. 무절제한 생활

24. 단합하는 마음 부족

25. 원하지 않는 권력 소유

26. 의도적인 부정직

27. 이기주의와 허영

28. 진지하게 생각하기보다는 추측하고 판단하는 것

29. 물질 부족

30. 성공을 향한 열망 부족

실패는 좀더 시간이 필요할 뿐이다

성공하는 사람은 실패가 두려워 뒤로 물러서는 사람이 아니요, 절대로 실패하지 않는 사람도 아니다. 실패에도 불구하고 계속 앞으로 전진해 나가는 사람이다.

−척 스윈돌

실패하는 원인에는 여러 가지가 있겠지만, 성공을 이룬 사람들은 시기 적절한 결단력을 가장 큰 원인으로 꼽는다. 어떤 결정을 분명하게 내려야 할 때 망설이지 않고 결단을 내리고, 그 결심대로 추진해 나간다면 실패의 쓴 잔을 마시지 않을 수 있다. 성공과 실패는 매 순간 어떤 결단을 내리느냐에 달려 있다.

두려워하지 말고 실패에 뛰어들어라

실패로 인해 스트레스에 시달리는데, 그러면서 시간을 보낼 필요가 전혀 없다. 자신에게 이익이 되는 일에 신경을 쓰고 열정을 쏟는 일이 우선이지만, 실패의 진정한 원인을 찾기 위해 자신의 내면을 관찰하기 전에는 아무도 영원한 성공을 맛볼 수 없다. 실패를 장애물로 보는지, 아니면 디딤돌로 보는지에 따라 저주도 될 수 있고 축복도 될 수 있다. 이 모든 것은 마음가짐에 달려 있다.

루스벨트가 말했다.

"기쁨도 고통도 없는 나약한 정신의 소유자처럼 살기보다는, 비록 실패로 얼룩진다 해도 큰일을 감행하고 영광의 승리를 거두는 것이 낫다. 왜냐하면 나약한 사람들은 승리와 패배가 없는 회색의 미명 속에 살기 때문이다. 삶의 기쁨은 그것을 요구할 줄 아는 정신을 소유한 사람들의 것이다."

실패는 성공보다 더 많은 것을 배우고 깨닫게 해준다. 그러므로 성공하려면 실패와 기꺼이 투쟁할 준비가 되어 있어야 한다. 전쟁터에서 고지를 점령하려면 수많은 희생을 치러야 하듯이, 삶이라는 전쟁터에서 성공이라는 고지를 점령하려면 갖고 있는 모든 역량을 투자해야 하는 것이다.

"고통은 반항적인 마음의 요새에 현실의 기를 꽂는다"는 말이 있다. 실패를 통해서 많은 것을 배우고, 견고해지고, 더 강해질 수 있는 것이다. 성공하고 싶다는 간절한 마음이 있으면 실패를 뛰어넘을 수 있다.

일생을 살아가면서 한두 번 실패했다고 절망할 필요는 없다. 실패는 성공으로 가기 위해 거쳐야 할 코스에 불과하다. 성공을 원한다면 실패에 대한 두려움을 이겨내야 한다. 사방에 실패의 웅덩이가 있다고 해도 두려워할 필요가 없다.

실패는 성공으로 가는 다리일 뿐!

실패는 성공을 위한 전초전

에드가는 실패에 대해 이렇게 말했다.

"목표를 향해 성실하게 노력하다가 무참히 실패하는 것이 게으르고 소심한 사람으로 평생을 사는 것보다 낫고, 용기를 다해 싸웠으나 박수 갈채를 받지 못한 것이 모험하지 않고 혼자만의 안일 속에 살아가는 것보다 낫다. 왜냐하면 노력하다가 실패한 사람이 좀더 나은 날을 건설할 수 있다. 비록 그가 승리를 얻지는 못했다 하더라도 다른 사람들은 그에게서 방법을 배울 것이기 때문이다."

실패가 실패자임을 의미하지는 않는다. 아직 성공하지 못했다는 것을 알게 해주는 것이다.

실패는 아무것도 이루지 못했다는 것을 의미하지는 않는다. 무엇인가를 배웠다는 것을 의미한다.

실패는 위신이 손상되었다는 것을 의미하지는 않는다. 다시 한번 커다란 시도를 하고자 한다는 것을 의미한다.

실패는 소유하지 못한 것을 의미하지는 않는다. 다른 방법으로 무엇인가를 해야 한다는 것을 의미한다.

실패는 우리가 열등하다는 것을 의미하지는 않는다. 완전하지 못함을 의미한다.

실패는 삶을 낭비했다는 것을 의미하지는 않는다. 새 출발할 수 있는 이유가 있음을 의미한다.

실패는 결코 하지 못한다는 것을 의미하지는 않는다. 단지 약간의 시간이 더 걸린다는 것을 의미한다.

우리의 삶에 있는 실패라는 사선을 열정을 가지고 뛰어넘어 성공을 손에 꽉 쥐어야 하는 것이다. 성공한 후의 기쁨은 마치 등반가가 산 정상에 올라 자기가 올라왔던 길을 내려다보는 감격의 순간과도 같다. 누구나 이 감동과 감격의 순간을 원할 것이다. 그렇다면 우리에게 다가오는 어떠한 실패의 고통도 이겨내야 한다. 실패는 성공을 위한 전초전일 뿐이다.

실패가 주는 교훈

실패에서 성공을 배운다면 어떤 실패도 의미가 있다.

1. 실패라는 말 대신 시행착오라는 말을 사용하라. 희망적인 언어를 사용하는 사람이 재기가 빠르다.
2. 마지막이라는 생각을 버려라. 실패를 딛고 재도전하면 반드시 성공할 기회가 찾아온다.
3. 자신을 실패자로 비하하지 마라. 실패의 원인을 분석하고 반성은 하되 비하하지는 마라.
4. 항상 실패를 맞을 준비를 하라. 인생은 깊은 수렁도 있고 넓은 초원도 있다.
5. 실패가 예상되면 빨리 단념하라. 사람들은 가끔 차선책에 대한 미련 때문에 최선책을 놓치는 경우가 있다.

절망을 희망이라는 단어로 바꿔라

사람은 자신이 진실로 아는 것을 사랑할 것이며
자신이 사랑하는 것을 섬길 것이다.
ー드와이트 펜티코스트

성공한 사람 중에 뼈저린 고통과 절망의 눈물을 흘려보지 않은 사람은 없다. 그러나 그들은 머릿속에서 절망에 대한 잠재 의식을 버렸다. 쓰라린 과거, 실패, 부족함, 나약함, 약점 등을 끌어안고 있거나 매달려 있으면 추진력이 약해지기 때문이다. 절망의 순간이 없었던 사람은 없다. 열정을 갖고 내일을 바라보며 뒤돌아보지 말고 달려가야 한다.

성공한 사람들은 절망의 순간을 희망으로 만들어냈다. 그러므로 희망을 잃지 말고 절망의 계단에서 일어서야 한다. 긍정적인 태도를 갖는다면 삶의 순간순간마다 다가오는 절망이라는 장애물을 결코 두려워하지 않고 훌훌 벗어던지고 희망을 만들어갈 수 있다.

끈기만이 절망을 희망으로 바꾼다

"성공하기를 원하는가? 그렇다면 이미 개척해놓은 길이 아닌 그 누구도 가지 않은 새로운 길을 개척해야만 한다."

로스 피어스틴의 말이다. 피어스틴의 말처럼 다른 사람과 똑같으면 성공할 수 없다. 다른 사람에게는 없는 열정, 끈기, 인내, 성실 등이 남달라야 한다. 그리고 끈질기게 물고늘어져야 한다.

보통 사람은 처음에는 열정이 활활 타오르지만 이내 작은 불씨로 사그라든다. 당신의 열정을 작은 불씨로 만들지 않으려면 끊임없이 채찍질하고 적극적이고 능동적으로 행동해야 한다. 무슨 일이든 수시로 절망에 빠지게 되고 좌절감이 찾아온다. 소극적인 생각과 행동을 하면 절망이 우리의 마음에 둥지를 틀기 쉽다. 어려움을 당하면 당할수록 '나는 이겨낼 수 있다!'는 강하고 담대한 마음과 함께 열정을 더욱 키워야 한다. 절망을 희망으로 바꾸어놓은 사람이 진정으로 성공한 사람이다. 이런 명언이 있다. "조금만 더 파면 물이 나올 텐데 우물은 파지 않고 근심만 하고 있다."

캐나다에는 노인들을 위한 깨어주기 모임이 있다. 이 모임이 생기게 된 배경은 특이하다. 62세에 정년퇴직을 하면 5년 안에 반수 이상의 사람들이 죽는다고 한다. 직장이 있어서 출근할 때는 아침 7시에 일어났으나 직장에 나가지 않으니 마음 푹 놓고 8시까지 자다가, 그 다음에는 9시, 그 다음에는 10시, 11시, 12시까지 잔다는 것이다. 이렇게 계속 잠이 늘어 하루 세 끼 먹던 것을 두 끼로 줄이고, 두 끼 먹던 것을 한 끼로 줄이고 잠을 자다가 죽어가게 된다. 그런 사람들은 대개 혼자 사는 사람들로서, 며칠 동안 배달된 우유가 그대로 문 앞에 놓여 있으면 이웃 사

람들이 수상히 여겨 신고를 하고 곧 그 집에 살던 노인이 죽은 것을 확인하게 된다고 한다.

그러므로 열심히 분주하게 일할 수 있는 것도 큰 복이다. 젊거나 나이가 들었거나 간에 언제나 일하는 기쁨이 있어야 휴식도 즐겁고, 모든 것이 조화된 삶을 살아갈 수 있다. 노동은 축복이요, 그 열매는 기쁨인 것이다.

할 수 없다는 생각을 버려라

롱펠로는 유명한 미국의 시인이다. 롱펠로는 하버드 대학에서 근대어를 가르치며 낭만적인 사랑의 시를 써서 대중적인 사랑을 받았다. 세월이 흘러 롱펠로의 머리카락도 하얗게 세었지만 안색이나 피부는 청년처럼 싱그러웠다.

하루는 친구가 나이보다 젊어 보이는 롱펠로에게 물었다. "여보게 친구! 오랜만이군. 그런데 자네는 여전히 젊군 그래. 자네가 이렇게 젊어 보이는 비결이 무엇인가?" 이 말을 들은 롱펠로는 정원에 있는 커다란 나무 쪽으로 시선을 옮기며 말했다. "저 나무를 보게나! 이제는 늙은 나무지. 그러나 저렇게 꽃도 피우고 열매도 맺는다네. 그것이 가능한 건 저 나무가 매일 조금이라도 성장하고 있기 때문이야. 나도 그렇다네. 나이가 들었어도 매일매일 성장한다는 마음가짐으로 살아가고 있다네!"

부정적인 생각을 떨쳐버리기 위해서는 '나는 결코 할 수 없어', '내일은 상황이 더 악화될지도 몰라', '다른 사람들이 모두 나를 싫어할 거야', '나는 실패자야', '나에게는 행운 따위는 찾아오지 않아'라는 생각은 뿌리째 뽑아버려야 한다.

데일리는 말했다. "성공한 사람이란 다른 사람이 자신에게 던진 벽돌로 오히려 기초를 쌓은 사람이다. 성공의 길은 결코 험하기만 한 길이 아니다. 한마음 한뜻으로 능히 쇠를 뚫고 만물을 굴복시킬 수 있다."

실패를 딛고 성공한 사람들이 꼽은 10가지 성공 법칙

실패가 약이 되어 성공한 사람들의 성공 법칙을 살펴보자. 인생을 살면서 절망에 부딪혔을 때 다시 일어날 수 있는 힘이 될 것이다.

1. 무한한 능력을 갖고 있다는 자부심을 가져라.
2. 항상 자신이 살아 있다는 것을 느껴라.
3. 투철한 정신력으로 무장하라.
4. 어떤 상황에서도 최선을 다하라.
5. 준비하고 생각하고 예비하라.
6. 꿈을 많이 꾸어라.
7. 순간 대처 능력을 길러라.
8. 다시 보고 싶은 사람이 돼라.
9. '왜?'라는 말을 쓰지 말고 '어떻게?'라는 말을 써라.
10. 시대를 앞서가는 아이디어를 많이 생각하라.

절망의 순간에도
맞서 싸우는 사람이 최후에 웃는다

실패에서 지혜를 배우고 경험을 쌓았다면 성공을 위해 투자한 것이
라고 생각하라. 절망한 순간이 있기에 성공이 더욱 값지고 아름답지 않
은가. 절망이라고 생각했을 때도 묵묵히 자신의 일에 최선을 다한 사람
들에 의해 역사는 이루어졌다.

위기를 기회로 바꾸는 지혜

1916년 건축 시장이 대공황으로 무너지자 덴마크의 한 목공소는 장
난감을 만드는 공장으로 전환했다. 1960년에 나무 장난감 제조 부서가
불에 타버리자 이 회사는 전부터 만들어왔던 조그만 조립식 플라스틱에

회사의 미래를 모두 걸었다. 이 회사가 바로 레고다. 조립식 플라스틱은 장난감 시장을 휩쓸었고, 레고는 연 매출액 10억 달러에 달하는 기업으로 세계에서 다섯 번째로 큰 장난감 회사가 되었다.

어떤 일이든 시작하기란 쉽지만 단념하지 않고 계속하기란 결단코 쉬운 일이 아니다. 도중에 질려버리거나 절망하기 때문이다. 나태해지기도 하고 자신의 한계나 어려움을 느껴 포기하고 싶을 때도 있을 것이다. 그러나 이 절망의 순간을 딛고 일어서야 한다.

절망 하나를 극복하면 다른 절망도 쉽게 이길 수 있다

누구나 살아가는 동안 수많은 시련과 아픔을 겪는다. 돈, 건강, 인간관계, 사업 등의 시련을 거쳐 더 성숙해지고 성장하는 것이다. 힘든 노력 없이 획득한 성공은 아무런 가치가 없다. 삶은 도전의 연속이다. 그러므로 내딛지 않으면 아무런 일도 일어나지 않고, 성공의 문턱에도 들어갈 수가 없다. 대부분의 사람들은 발등에 불이 떨어지지 않으면 아무것도 하지 않는다. 성공하고 싶다면 망설이지 말고 모든 절망의 계단을 담대하게 올라서야 한다. 그리고 하고자 하는 일을 용감하게 행동에 옮겨야 한다. 만약에, 라는 말은 무기력과 변명만을 만들 뿐이다. 그것은 가능성이라는 밭에 울타리를 쳐놓고 스스로 의욕을 가로막는 것과 같다.

린더스트는 말했다. "곤란은 뛰어넘기 위해서 존재한다. 그러므로 지금 당장 곤란에 맞붙어서 싸워라. 일단 싸우다 보면 그것을 극복할 수 있는 방법을 찾게 될 것이다. 몇 번이고 곤란과 씨름하는 가운데 힘과 용기가 용솟음치게 된다. 그리하여 자신도 모르게 정신과 인격이 완벽

215

하게 단련되는 것을 느낄 수 있게 되리라."

절망을 극복해 나가면서 우리는 조금씩 배워 나간다. 그래서 하나의 절망을 극복해내면 다음에 다가오는 절망은 더 쉽게 극복해낼 수 있다. 그리고 결국에는 절망을 딛고 일어서 반드시 성공의 문을 열게 될 것이다.

할 수 있다는 확신을 가져라. 확신 없이는 사람의 마음을 움직일 수 없고 힘도 솟아나지 않는다. 자신이 나아가는 방향을 확실히 알고 정당성에 대해 조금도 의심하지 않는 사람은 진정한 힘을 갖고 있다.

성공으로 가는 행동 지침

성공한 사람들을 자세히 관찰하면 평범한 사람들과는 다른 무언가를 발견하게 된다. 그렇지만 그 다름이 거창한 것이 아니라 사소하지만 중요한 것들이다.

1. 적극적인 태도를 가져라. "난 못해. 천성이 그런 걸 뭐, 그럴 수 없어."라는 식의 소극적인 행동을 버려라.

2. 최후를 생각하고 시작하라. 목수들이 두 번 측량하고 한 번 자른다는 말을 기억하고 행동하라.

3. 우선순위에 맞추어서 계획하라. 일을 시작하기 전에 그 일의 중요도와 완급을 생각하라.

4. 서로에게 소득이 있는 방법을 찾아라. 인생은 상호 의존적인 것이다. 자기 이익만 챙기면 모두가 손해를 본다.

5. 먼저 상대방을 이해하라. 인간관계에서 가장 중요한 것은 먼저 상대방의 이야기를 듣고 이해하려고 노력하는 것이다.

6. 상승 효과를 창출하라. 상대방과 의견이 상충할 때는 중간에서 타협하는 것이 아니라 더 나은 제3의 방법을 창의적으로 찾아라.

7. 항상 자신을 관리하라. 날이 무뎌진 톱으로 나무를 베면 힘만 들고 성과가 적다. 자신을 늘 최적의 상태로 관리하는 사람은 타인의 삶의 등대가 될 수 있다.

행복하려면 단순하게 살아라

🍎

버릴 것은 버리고 취할 것은 취할 줄 아는 것, 상당히 쉬울 것처럼 보이지만 그렇지 않다. 책상 정리부터 시간과 돈, 인간관계, 내면의 마음 정리까지 단순하게 사는 데도 기술이 필요하다.

버려야 할 것과 취해야 할 것

1845년 영국의 한 탐험대가 북극해를 건너는 해로를 발견하기 위해 대탐험을 시작했다. 철저한 훈련으로 준비된 탐험 대원들은 필요한 물품을 배에 가득 싣고 새 항로를 개척하기 위해 긴 항해를 시작했다. 하지만 배가 광활한 북극해에 도달했을 때 대원들은 어이없는 사실을 알게 되었다. 연료가 남아 있지 않았던 것이다. 대원들이 배의 창고를 확인해 보니 그 안에는 뜻밖의 물건들로만 가득 차 있었다. 1,200권의 장서와 사기로 된 접시, 크리스털 컵과 장교의 이름이 적혀 있는 은식기 등 온갖 사치품들만 가득했다. 배를 지휘하던 프랭클린이라는 장교가 새 항로를 개척해 다른 나라에 도착하면 사절품으로 사용하려고 가져온 사치품이었다. 탐험 대원들은 연료가 바닥난 배가 곧 가라앉게 되리라는 사실을 알고는 모두 썰매를 이용해 탈출했다. 그러나 이 장교는 썰매 위에 은식기를 하나라도 더 실으려고 몸부림치다 결국 은식기 때문에 목숨을 잃고 말았다.

혹시 우리도 성공을 향한 항해에서 필요하지도 않은 것들을 목숨 걸고 지키려고 하는 것은 아닌지 한번쯤 생각할 필요가 있다.

물건, 돈, 인간관계 단순하게 정리하기

평균적으로 한 사람에게는 1만 개의 물건이 있다고 한다. 책상 위에 있는 물건부터 정리하고 나면 정리정돈만 되는 것이 아니라 마음까지 정리가 된다. 일의 능률이 올라가는 것은 두말할 필요도 없다. 책상 정리가 끝났으면 서랍 속, 책장, 옷장을 정리해보자. 기분까지 개운해진다.

물건만 정리할 게 아니다. 금전 정리 역시 중요하다. 자신의 재정 상황을 한눈에 살펴볼 수 있도록 재산 정도와 대출 등을 꼼꼼하게 따져서 정리해둔다. 가계부나 금전출납부를 쓰면 한 달 동안 돈이 들고 나는 상황을 명확하게 파악할 수가 있다.

물건과 돈을 정리했다면 그 다음은 인간관계를 정리해보자. 지금 휴

대 전화를 켜고 주소록을 보라. 몇 명이나 입력되었는가? 그 중에는 연락도 안 하는 예전의 직장 동료, 거래처 사람 등도 있을 것이다.

　사람들을 만났을 때 본능적으로 호감이 느껴지는 사람이나 자신을 발전시키고 끊임없이 자극하는 사람들을 소중한 친구로 만들어라. 그러나 다른 사람을 험담하거나 소문을 몰고 다니는 사람들과의 관계는 정리하는 편이 낫다. 언제든 나 자신이 소문의 주인공이 될 수 있으며 도마 위에 오를 수도 있다.

삶을 단순하게 살아가는 6가지 원칙

단순하게 살아가면 마음이 정리되고 한 곳에 집중할 수 있다. 소중한 삶을 단순하게 살아가는 6가지 원칙을 소개한다.

1. 책상 위를 단순하게 정리하라.
2. 보이지 않는 책상 속, 옷장 속을 정리하라.
3. 재정 상태를 단순하게 정리하라.
4. 인간관계를 단순하게 정리하라.
5. 배우자와의 관계를 단순하게 정리하라.
6. 자신의 인생관을 단순하게 정리하라.

한 번뿐인 인생,

뜨겁게 뜨겁게 사랑하라.

열정이 당신을 도와줄 것이다.

열정 깨우기

초판 1쇄 발행 2005년 11월 10일
초판 9쇄 발행 2011년 1월 17일

지은이 ｜ 용혜원
펴낸이 ｜ 한 순 이희섭 펴낸곳 ｜ 나무생각
편집 ｜ 정지현 이은주 디자인 ｜ 이은아
마케팅 ｜ 김종문 이재석 관리 ｜ 김하연

출판등록 ｜ 1998년 4월 14일 제13-529호

주소 ｜ 서울특별시 마포구 서교동 475-39 1F
전화 ｜ 02)334-3339, 3308, 3361 팩스 ｜ 02)334-3318
이메일 ｜ tree3339@hanmail.net
홈페이지 ｜ www.namubook.co.kr

ISBN 89-5937-106-8 03320

값은 뒤표지에 있습니다. 잘못된 책은 바꿔 드립니다.